Die Bedeutung der Bindung für die Entwicklung des Kindes
und ihre Relevanz in historischen und aktuellen Krippenkonzepten

Rieke Schneider

Die Bedeutung der Bindung für die Entwicklung des Kindes und ihre Relevanz in historischen und aktuellen Krippenkonzepten

Bibliografische Information der Deutschen Nationalbibliothek
Die Deutsche Nationalbibliothek verzeichnet diese Publikation
in der Deutschen Nationalbibliografie; detaillierte bibliografische
Daten sind im Internet über http://dnb.d-nb.de abrufbar.

Gedruckt auf alterungsbeständigem,
säurefreiem Papier.

ISBN 978-3-631-66854-2 (Print)
E-ISBN 978-3-653-06090-4 (E-Book)
DOI 10.3726/978-3-653-06090-4

© Peter Lang GmbH
Internationaler Verlag der Wissenschaften
Frankfurt am Main 2015
Alle Rechte vorbehalten.
PL Academic Research ist ein Imprint der Peter Lang GmbH.

Peter Lang – Frankfurt am Main · Bern · Bruxelles · New York ·
Oxford · Warszawa · Wien

Diese Publikation wurde begutachtet.

www.peterlang.com

Inhaltsverzeichnis

1. Einleitung

In dieser Arbeit wird der Frage nachgegangen, wie Bindung in verschiedenen Krippenkonzepten berücksichtigt wird. Da Krippen in einem historischen gesellschaftlichen Zusammenhang stehen, befassen sich zwei Abschnitte zunächst mit der Entstehung von Krippen und ihrer Entwicklung, um die damit verbundenen Probleme zu verdeutlichen.

Kinderkrippen sind menschheitsgeschichtlich eine junge Erscheinung. Es gibt sie seit etwa hundertfünfzig Jahren.[1] Sie sind vor allem eine Folge sozialer, wirtschaftlicher und politischer Entwicklungen. Ihre pädagogische Begründung kann daher vor dem Hintergrund von Sachzwängen leicht als Bemäntelung für die „Weggabe" von Kindern durch ihre Eltern oder Erziehungsberechtigten erscheinen.

Da die Objekte ihrer Bemühungen, Kleinkinder und Säuglinge, Entscheidungen unterworfen sind, die andere für sie treffen, soll im Folgenden zum einen kurz die „Bruchlinie" skizziert werden, die von der traditionellen Familie zur Integration von Kindern in pädagogische Institutionen verläuft, um einen Bezugsrahmen für weitergehende Fragen zu schaffen.

Es ist selbstverständlich, dass die Arbeit der Krippen wie jede pädagogische Tätigkeit theoretisch (pädagogisch) begründet sein sollte. Dies trifft jedoch für lange Zeiträume der Krippenentwicklung nicht zu. Dabei müssten an sich besonders überzeugende Argumente angeführt werden, die eine Trennung der Kinder von ihren Müttern mit einem pädagogischen Vorteil begründen, den nur Krippen erbringen können. Tatsächlich war aber die Unterbringung von Kleinkindern bis ins 20. Jahrhundert hinein eine Mangelverwaltung, da Frauen mit Kindern aus individuellem oder familiärem finanziellen Mangel zu arbeiten gezwungen waren, obwohl sie Kleinstkinder zu betreuen hatten.

Dieser Hintergrund der Krippen soll zunächst an einigen Beispielen dargestellt und diskutiert werden, denn man kann die Folgen nicht beurteilen, wenn die Ursache nicht bekannt ist. Das heißt, dass historische und moderne Krippenkonzepte grundsätzlich als Antwort auf sozialpolitische Entwicklungen angesehen werden müssen, die die historisch dominierende Betreuung von Kleinstkindern durch ihre Mütter partiell ersetzen. Vor dem Hintergrund psychologischer Erkenntnisse über die Entwicklung des Kleinstkindes und insbesondere der herausragenden

---

1 Reyer, Jürgen; Kleine, Heidrun (1997) Die Kinderkrippe in Deutschland, Sozialgeschichte einer umstrittenen Einrichtung, Seite 9.

Bedeutung einer erfolgreichen Bindung werden dann verschiedene Krippenkonzepte auf ihre Qualität als Ersatz oder Begleitung mütterlicher Betreuung überprüft und diskutiert.

Um die Proportionen innerhalb der Arbeit nicht unzulässig sozialpolitisch zu überfrachten, kann auf bestimmte Phänomene, die mit der Pädagogik der Kinderkrippe und ihrer Existenz eng verknüpft sind, nur punktuell hingewiesen werden. Dazu gehören u.a. die Tendenz einer Auflösung der traditionellen Familie durch die Illusion einer Frauenbefreiung, die jedoch überwiegend die Frauen an (im Verhältnis zu Männern) schlechter bezahlte Arbeitsplätze vermittelt hat.

Unabhängig vom Ort der Erziehung und den Bezugspersonen muss eine Beurteilung kindlicher Erziehung jedoch die Intentionen und Grundsätze von Kinderpädagogik berücksichtigen.

Wenn man die Frage der kindlichen Entwicklung vom Endresultat her denkt, so steht das angestrebte Menschenbild einer Erziehung im Mittelpunkt. Diese Frage zu relativieren, soll ein Blick in die Literatur helfen. Mitte des 19. Jahrhunderts (1857) erschien die erste Ausgabe von Stifters Roman „Der Nachsommer".

In ihm kann der Leser die Entwicklung eines jungen Mannes von der Kindheit bis zur Ehe begleiten. Er wächst in einer traditionell patriarchalisch geprägten wohlhabenden Familie auf, in der alle Rollen klar verteilt sind. Dennoch ist es nicht das Bild des „Untertanen" (Heinrich Mann), das hier Gestalt annimmt. Zwar erfährt man nichts über die ersten drei Lebensjahre des Erzählers, aber indirekt lässt sich die Schlussfolgerung ziehen, dass seine Bindung an die Eltern positiv verlaufen ist und dass er sich zu einem interessierten, fähigen Menschen entwickelt. Sein Vertrauen in die Eltern lässt ihn ohne Widerstand ihre Aufgaben erfüllen, so dass sich sein Gesichtskreis zunehmend erweitert und die Abhängigkeit von den Eltern fortschreitend verringert. Seine soziale und kommunikative Kompetenz, sein Ehrgeiz und sein ursprüngliches Interesse, sich Kenntnisse und Fähigkeiten anzueignen, würden ihn heute zu einem Kandidaten jeder Elite-Universität machen. Diese Ausrichtung nach außen auf ‚Top-Jobs', Arbeitsmarkt und Karriere sucht man in diesem Roman vergebens, denn es geht nicht um eine Anpassung des Individuums an gesellschaftliche oder wirtschaftliche Verhältnisse, sondern um die Geeignetheit eines Menschen für eine Aufgabe. Im Roman wird die Entscheidung darüber nicht der Gesellschaft überlassen, sondern muss vom Individuum selbst gelöst werden[2]. Zum einen gegen den Widerstand der

---

2   Der Erzähler „bestimmt (sich) ... zu einem Wissenschaftler im Allgemeinen" (Stifter, Adalbert; Der Nachsommer 2001, S. 9). Er „hatte den angedeuteten Lebensberuf von dem Vater selber verlangt und er dem Verlangten zugestimmt." (ebenda)

Gesellschaft[3] muss das Individuum seinen Weg finden aus seinem eigenen Geist und Körper heraus, aber andererseits auch gegen die eigene Unsicherheit und Unbestimmtheit, wie das Leben verbracht werden soll. Der Erzähler sagt: „… was und wie viel ich lernen würde, das war mir eben so unbestimmt, als mein Gefühl unbestimmt war, welches mich zu diesen Dingen trieb. Mir schwebte auch nicht ein besonderer Nutzen vor, den ich durch mein Bestreben erreichen wollte, sondern es war mir nur, als müsste ich so tun, als liege etwas innerlich Gültiges und Wichtiges in der Zukunft. Was ich aber im Einzelnen beginnen und an welchem Ende ich die Sache anfassen sollte, das wusste weder ich, noch wussten es die Meinigen."[4]

Es ist diese absolute Selbstbestimmung des eigenen Weges bei einer gleichzeitigen Gelassenheit, die unter anderem dem Roman und dem Weg seines Protagonisten etwas Utopisches verleihen, dem wir uns im 21. Jahrhundert immer noch anzunähern versuchen. Der Vater des Erzählers im „Nachsommer" wehrt die Kritik der „Leute" damit ab, dass „der Mensch nicht zuerst der menschlichen Gesellschaft wegen da (sei), sondern seiner selbst willen. Und wenn jeder seiner selbst willen auf die beste Art da sei, so sei er es auch für die menschliche Gesellschaft. Wen Gott zum besten Maler auf dieser Welt geschaffen hätte, der würde der Menschheit einen schlechten Dienst tun, wenn er etwa ein Gerichtsmann werden wollte: wenn er der größte Maler wird, so tut er auch der Welt den größten Dienst, wozu ihn Gott erschaffen hat. Dies zeige sich immer durch einen innern Drang an, der einen zu einem Dinge führt, und dem man folgen soll."[5]

Im Folgenden soll vor dem Hintergrund dieser Argumentation, die die Selbstbestimmung des Menschen in den Mittelpunkt rückt und gleichzeitig Gelassenheit und Akzeptanz zeigt hinsichtlich individueller Entwicklungen, die Betreuung von Kindern in verschiedenen Krippenkonzepten diskutiert werden, nachdem zunächst der geschichtliche, soziale und pädagogische Rahmen der „Weggabe" von Kindern aus dem Elternhaus knapp dargestellt wird.

---

3   „Nicht die Ungeheuerlichkeit, welche in diesem Beginnen lag, war es, was die Leute meinem Vater übelnahmen, sondern sie sagten, er hätte mir einen Stand, der der bürgerlichen Gesellschaft nützlich ist, befehlen sollen, damit ich demselben meine Zeit und mein Leben widme, und einmal mit dem Bewußtsein scheiden könne, meine Schuldigkeit getan zu haben." Ebenda, S. 10.

4   Ebenda, S. 10–11.

5   Ebenda, S. 10.

2. Krippenpädagogik im Kontext historischer und sozialer Entwicklungen

2.1 Die Situation der Krippen vor 100 Jahren – Motive der Krippenentwicklung im frühen 20. Jh.

Vor knapp 100 Jahren veröffentlichte der Leiter der Städtischen Säuglingsfürsorgestelle V in Berlin einen zusammenfassenden Bericht über die Situation der Kleinkinder[6].

Er fordert grundsätzlich, die „Trennung von Mutter und Kind durch die Übernahme des Kindes in Tagesheime (solle) nur erfolgen, wenn die Mutter durch außerhäusliche Erwerbstätigkeit, anstrengende Heimarbeit, durch Krankheit usw. verhindert oder infolge moralischen und geistigen Tiefststandes unfähig ist, ihr Kind selbst zu pflegen und zu erziehen"[7]. Im vierten Kriegsjahr des 1. Weltkrieges, aber auch schon in den davor liegenden Friedensjahren war die Lage der meisten Kleinkinder nicht sehr positiv. Die Säuglingssterblichkeit lag bei 16,67%[8] häufig verursacht durch Scharlach, Masern, Diphterie und Keuchhusten, wobei arme Wohnviertel den höchsten Tribut zu leisten hatten[9]. Die Kinder waren untergewichtig und „für das Heer der mit englischer Krankheit, Skrofulose, Tuberkulose behafteten Kinder stehen kaum geeignete Anstalten zur Verfügung"[10]. Diese waren zudem der physischen Gesundheit der betreuten Kinder nicht unbedingt zuträglich, denn, „Wie allgemein bekannt ist, befindet sich ein großer Teil dieser Anstalten in durchaus unhygienischem Zustand"[11].

Bereits aus diesen wenigen Aussagen des zeitgenössischen Fachmannes lässt sich die Motivation der Säuglings- und Kleinstkinderfürsorge ableiten: Es geht primär um die Sicherstellung grundlegender gesundheitlicher Standards, aber Tugendreich verweist auch auf „die Schäden der seelischen und geistigen Entwicklung"[12], für die er einen Zusammenhang mit der körperlichen Entwicklung sieht. Trotz

---

6 Tugendreich, Gustav 1917. Der Ausbau der Kleinkinderfürsorge. In: Fortschritte des Kinderschutzes und der Jugendfürsorge. Vierteljahreshefte des Archivs deutscher Berufsvormünder, Heft 2.
7 Ebenda, S. 4.
8 Ebenda, S. 8.
9 Ebenda, S. 9.
10 Ebenda, S. 5.
11 Ebenda.
12 Ebenda, S. 9.

fehlender Statistiken über das Ausmaß der psychischen Schäden bei Kleinkindern fordert er zur Behebung der Situation eine Zusammenarbeit zwischen
Ärzten und Erziehern, stärkere Kontrolle des Staates sowie eine intensivere Vorbereitung und Unterstützung der Mütter als der „eigentlichen Erzieher/innen der
vorschulpflichtigen Jugend ... für ihre verantwortungsvolle Tätigkeit".[13]

Diese knappe Wiedergabe von Tugendreichs Position zur Kinderbetreuung
zeigt, dass es in der Wirklichkeit der Säuglings- und Kleinkinderfürsorge vor
100 Jahren – zumindest in der Reichshauptstadt Berlin ausschließlich um prä-
ventive Maßnahmen ging zur Verhinderung körperlicher und seelischer Schäden. Obwohl Tugendreich noch die Bedeutung der Mutter für die Erziehung
betont, deutet sich aber schon eine Argumentation an, die ihre Kompetenzen
in Frage stellt und sie einer staatlichen Aufsicht unterstellen möchte. In diesem
Kontext kann von positiv formulierten Entwicklungsperspektiven für die kleinen Kinder keine Rede sein.

2.2 Der Beginn der Kinderkrippen und seine Motive

Diese Kleinkinderfürsorge stellt nicht den Anfang entsprechender Aktivitäten
dar, sondern steht in einer langen Tradition. „Die Kinderbewahranstalten entstanden mit der beginnenden Industrialisierung und der Entstehung der Fab-
riken im Zuge der zunehmenden Erwerbstätigkeit beider Elternteile außerhalb
des Hauses, die aufgrund der niedrigen Löhne eine zwingende Notwendigkeit
wurde, um die Familie ernähren zu können. Dadurch blieben sich die Kinder
häufig den ganzen Tag selbst überlassen. Primär geht es also um die „Aufbewah-
rung zum Teil verwahrloster Kinder".... Deshalb nahmen die Bewahranstalten
im Gegensatz zu den Kleinkinderschulen bereits Kinder ab dem ersten Lebensjahr auf; die Kinder blieben den ganzen Tag über in der Einrichtung, wurden
dort beköstigt oder verzehrten die mitgebrachte Mittagsmahlzeit, und wurden
mit nützlichen Tätigkeiten beschäftigt. Berücksichtigt man darüber hinaus, daß
in diesen Einrichtungen unausgebildete Kräfte tätig waren, so wird deutlich,
daß in den „reinen" Kinderbewahranstalten der fürsorgerische Aspekt überwog,
während die Kleinkinderschulen in zunehmendem Maße ihre pädagogische Intention betonten."[14]

Die Kinderkrippe ist folglich aus der Kinderbewahranstalt entstanden, die für
die kleinsten Kinder der armen Bevölkerung nur als reine Bewahranstalt existierte

---

13 Ebenda, S. 10 Tugendreich übernimmt diese Forderungen von Clara Richter.
14 Dammann, Elisabeth; Prüser, Helga Hrsg. (1981) Quellen zur Kleinkindererziehung.
    Die Entwicklung der Kleinkinderschule und des Kindergartens; S. 16.

ohne jegliche pädagogische Konzepte, während sich bereits im 19. Jahrhundert solche Konzepte für ältere Vorschulkinder entwickelten.

Die Motive für die Bildung der Bewahranstalten als Antwort auf drängende Probleme wird in einer „Verordnung der Königlichen Regierung zu Liegnitz, die Förderung von Kleinkinder-Bewahranstalten betreffend, vom 5. Juli 1848"[15] deutlich, in der es unter anderem heißt: „Bei der oft so mangelhaften häuslichen Erziehung der Kinder, besonders jener aus den arbeitenden Volksklassen und hier namentlich derer, welche die Schule noch nicht besuchen, geschieht es nur zu häufig, daß die Kleinen aus Mangel an Aufsicht der Verwilderung anheimfallen, daß sie sich selbst körperlich beschädigen und auch den Ihrigen oder anderen Personen zu Schaden gereichen. Diesen Übeln nun kann im Ursprunge schon am sichersten durch die Errichtung von Kinderbewahr-Anstalten begegnet werden…"[16] Neben einer präventiven Intention[17] zeichnen sich aber auch pädagogische Überlegungen ab: „Da die Kinderbewahr-Anstalten keinen eigentlichen Unterricht ertheilen sollen, da sie nur durch Anschau- und Sprechübungen, durch Erzählungen und Gedächtnissübungen, durch Gewöhnung an Sitte und Ordnung, durch das heitere Zusammenleben mit Altersgenossen, durch Spiel und körperliche Bewegung, möglichst in freier Luft, die Kinder angenehm zu beschäftigen und geistig zu wecken beabsichtigen; so bedarf es nur eines geräumigen Lokals, eines freien Spielplatzes, eines mäßigen Apparates von Beschäftigungsmitteln (ein Haufen geschlemmter Sand und einige größere und kleinere Brettchen reichen für den Anfang schon hin) und einer kinderfreundlichen, verständigen Person, die vom Schulrevisor oder Schullehrer leicht instruirt und von diesen oder von anderen Vereinsmitgliedern bequem beaufsichtigt werden kann. Auf dem Lande wird eine anständige Wittwe oder eine andere unverheirathete Person oder ein älteres, minder beschäftigtes Ehepaar unschwer

---

15 Ebenda, S. 19.
16 Ebenda.
17 „Diese Vortheile bestehen darin, daß Eltern, welche ihrem Gewerbe nachgehen müssen, dies unbesorgt um ihre kleinen Kinder thun können und nicht genöthigt sind, dieselben, wie so häufig geschieht, einzuschließen oder dem Zufall und somit, wie die Erfahrung lehrt, vielen Unglücksfällen Preis zu geben, oder ihre größeren Kinder der Schule zu entziehen, damit sie die Kleinen warten, was noch dazu in mehrfacher Hinsicht große Bedenklichkeiten hat. Auch dürfte es als ein wahrer Segen zu betrachten sein, daß durch die genannten Anstalten die Kinder unmoralischer Eltern den nachtheiligen häuslichen Einflüssen mehr entzogen, dem Schmutze und der Rohheit entwöhnt, von dem so verderblichen Betteln abgehalten und daß die Kinder aller Eltern für den Eintritt in die Schule am angemessensten vorbereitet werden" ebenda.

zur Beaufsichtigung der kleinen Kinder der ganzen Gemeinde aufzufinden, auch wird irgend eine größere Stube in einem mit einem Hofe oder Garten versehenen Hause zu beschaffen sein."[18]

2.3 Das „sozialpädagogische Doppelmotiv" und seine Gewichtung

Die beispielhafte Skizzierung von Episoden der Krippengeschichte verweist auf grundlegende Intentionen der Kinderkrippen. Vor allem ist es das „sozialpädagogische Doppelmotiv"[19] der Krippenveranstalter, das eine Rolle spielt, nämlich „einerseits Müttern Erwerbsarbeit oder andere Aktivitäten zu ermöglichen, andererseits die Kinder während der Zeit der Abwesenheit der Mütter zu beaufsichtigen, zu pflegen und zu erziehen."[20] Dieses Doppelmotiv kann jedoch nicht als gleichwertig gewichtet werden, sondern muss als eine Beziehung gesehen werden, in der der Zwang zur Arbeit den Frauen wiederum keinen anderen Ausweg ließ, als ihre Kinder zeitweilig wegzugeben: Man kann annehmen, dass die Mütter, die ihre Kinder im 19. und auch weitgehend bis in die Mitte des 20. Jahrhunderts in eine Krippe gegeben haben, dies nur taten, weil sie durch ihre soziale Lage dazu gezwungen waren. In diesem Sinne sind Armut und soziales Elend die eigentlich treibenden Kräfte hinter der Entstehung und Entwicklung der Kinderkrippen[21]. „Die Tatsache, daß es bis heute Krippen gibt, verweist darauf, daß den Problemen der privaten Familienhaushalte im 19. Jahrhundert, die die Erwerbsarbeit von Müttern notwendig machten und in der Folge zur Einrichtung von Krippen führten, ein Strukturproblem zugrundelag, das über die zeitspezifischen Erscheinungsweisen hinaus ein Charakteristikum der modernen Familie schlechthin darstellt. Kern dieses Strukturproblems ist das Verhältnis zwischen privatem Familienhaushalt und öffentlichem Arbeitsmarkt mit dem darin enthaltenen Widerspruch zwischen weiblicher Geschlechtsrollennorm und Geschlechtsrollenrealität."[22]

---

18 Ebenda, S. 19–20.
19 Reyer, Jürgen; Kleine, Heidrun (1997) Die Kinderkrippe in Deutschland. Sozialgeschichte einer umstrittenen Einrichtung S. 9.
20 Ebenda.
21 Allerdings gab es immer auch Bestrebungen, das Motiv für eine Berufstätigkeit von Frauen und der damit verbundenen Weggabe ihrer Kinder in die Frauen selbst zu verlegen, z.B. als Wunsch, sich luxuriös zu kleiden oder Luxusartikel zu kaufen.
22 Reyer, Jürgen; Kleine, Heidrun; Die Kinderkrippe in Deutschland. Sozialgeschichte einer umstrittenen Einrichtung (Lambertus) 1997, S. 40.

Aus der Geschichte der Kinderkippe in Deutschland (Reyer und Kleine 1997) wird deutlich, dass Kleinkinder in Krippen bis zur Mitte des 20. Jahrhunderts fast nur Objekte gewesen sind, deren Gefühle und deren Bewusstsein praktisch keine Rolle gespielt haben. Dagegen standen die Senkung der Kindersterblichkeit, die Vermeidung schwerer körperlicher Schäden durch Mangelernährung und die Bekämpfung ansteckender Krankheiten und Seuchen im Vordergrund der Aufmerksamkeit, denn sie waren die Voraussetzung für eine ausreichende Zahl von Arbeitskräften und Soldaten in der Zukunft.

Man kann annehmen, dass in dieser engen Zweckbindung der Kinderkrippe auch der tiefere Grund für das „elementarpädagogische Argumentationsdefizit"[23] hinsichtlich der Krippen liegt. Es fehlte zwar „keineswegs an einem ausgeprägten Bewusstsein von der lebensgeschichtlichen Bedeutung der frühesten Kinderjahre. Doch es ging konzeptionell nicht in die Krippe ein."[24] Obwohl sich diese Aussage auf die Situation um 1850 bezieht, lässt sie sich weitgehend auch für die folgenden 100 Jahre treffen.

Heute wird dagegen stärker die gemeinsame Verantwortung von Familie und Öffentlichkeit für das Aufwachsen von Kindern betont.[25] „Nachdem das Aufziehen von Kindern heute nicht mehr selbstverständlicher Bestandteil einer Erwachsenenbiografie ist, sollen die weniger werdenden Eltern bei den mit dem Aufwachsen von Kindern verbundenen zeitlichen und finanziellen Aufwendungen unterstützt werden."[26]

2.4 Sind die Kinderkrippen bis über die Mitte des 20. Jahrhunderts den Bedürfnissen der Kleinkinder und ihrer Familien gerecht geworden?

Diese Frage muss weitgehend verneint werden, denn sowohl bei Kindern wie Müttern standen äußerere Faktoren im Vordergrund, die einfach die organisatorische Regelung der Versorgung von Kindern während der Abwesenheit ihrer Mütter betraf, wobei pädiatrische und Ernährungsfragen dominierten, aber weder ihre Individualität, ihre Emotionen und Wünsche noch ihre gesamte psychische Existenz hinreichend berücksichtigt wurden.

---

23 Reyer & Kleine a.a.O.; S. 36.
24 Ebenda, S. 38.
25 Leu, Hans Rudolf, Anna von Behr Hrsg. (2013) Forschung und Praxis der Frühpädagogik, Profiwissen für die Arbeit mit Kindern von 0–3 Jahren, Seite 11.
26 Ebenda.

Dies lag vor allem daran, dass erst durch die Entdeckungen von Bolwby deutlich wurde, welche Rolle „Bindungen" im Leben eines Menschen spielen.

Seine Erkenntnisse beruhten auf der Untersuchung des Schicksals von Kindern, „die wegen des Zweiten Weltkriegs aus den Städten aufs Land geschickt wurden, also von ihren Eltern sehr plötzlich getrennt wurden."[27]

Er stellte klar, dass jedes Kleinkind Beziehungen zu einer primären Bindungsperson aufnimmt, die für seine Entwicklung maßgeblich ist. Diese primäre Bindungsperson ist nicht austauschbar und ihr Verlust oder ihr unangemessenes Verhalten stellen einen wesentlichen Eingriff in seine Entwicklungsmöglichkeiten dar.

Eine geglückte Bindung zeigt sich in einem vertrauensvollen Verhältnis des Kindes zur primären Bindungsperson, die für es sozusagen das Maß aller Dinge und zugleich ein sicherer Schutz vor Gefahren und ein sensibler Tröster bei Schmerzen und Unglück ist.

Diese Rolle nimmt in der Regel die Mutter ein, da sie durch Schwangerschaft und Geburt ohnehin eine natürliche Nähe und eine innere Beziehung zu ihrem Kind hat.

Ihre „angemessene externe Regulierung der Organisation der Gefühle des Säuglings"[28] wird als „Feinfühligkeit" bezeichnet. „Sie ist die Fähigkeit (der Mutter), die Signale und Kommunikationen des Kindes richtig wahrzunehmen und zu interpretieren und auf sie angemessen und prompt zu reagieren."[29]

Alle Störungen der Bindungsentwicklung zur primären Bindungsperson haben kurz- und langfristige negative lebensgeschichtliche Folgen: „Mangelnde Feinfühligkeit führt im Kleinkindalter immer dann zu Bindungsunsicherheit, wenn die dabei geweckten negativen Gefühle ein Verstehen der Umstände und möglicher Lösungen verhindern. Ein selektives Ignorieren der Bindungswünsche des Kindes kann unter Belastung, wenn das kindliche Bindungssystem aktiviert ist, zu Vermeidungsverhalten gegenüber den Bindungspersonen führen. Unzuverlässige, unvorhersagbare mütterliche Reaktionsmuster führen zu einer „Angstbindung". Widersprüchliche Reaktionsmuster führen zu Desorientierung. Häufig wechselnde Betreuung und Vernachlässigung führen zu Bindungslosigkeit. Im ersten Lebensjahr anhaltende Unfeinfühligkeit verhindert die Organisation der Gefühle und der Intentionen. Im Krabbelalter ist Feinfühligkeit

---

27 Klaus E. Grossmann und Karin Grossmann Fünfzig Jahre Bindungstheorie in: Brisch, Karl Heinz; Hellbrügge, Theodor Hrsg. (2009) Wege zu sicheren Bindungen in Familie und Gesellschaft. Prävention, Begleitung, Beratung und Psychotherapie, S. 28.
28 Ebenda, S. 21.
29 Ebenda.

Voraussetzung für die Organisation der Gefühle auf die Bindungsperson als sichere Basis hin, die das Kind für seine Exploration, für ein Sprechen über Absichten, Gefühle und Folgen und für das Erlernen einvernehmlicher Lösungen braucht."[30]

Die Schaffung einer psychischen Sicherheit für das Kind erfordert auch die Beteiligung des Vaters. Sind beide Elternteile für ihr Kind regelmäßig verfügbar und verhalten sich feinfühlig, so gibt es eine große Wahrscheinlichkeit, dass später diese Kinder ebenfalls eine Wertschätzung für Bindungen empfinden und sich ihren eigenen Kindern gegenüber verantwortlich, liebevoll und feinfühlig verhalten.[31]

Wenn die primäre Bindung des Kindes positiv geregelt ist, wird das Kind immer selbständiger, psychisch stabiler, was ihm ein exploratives Verhalten gegenüber seiner Umwelt ermöglicht.

Die Qualität einer Bindungsbeziehung wie auch die Feinfühligkeit der Bezugspersonen eines Kindes lässt sich durch standardisierte Tests eindeutig bestimmen. Zu ihnen gehört unter anderem die „Fremde Situation".

---

30 Ebenda, S. 22–23.
31 Ebenda, S. 26–27.

3. „Bindung" als zentrales Ziel der Krippenpädagogik

Da eine sichere Bindung die Grundlage für alle Aspekte der kindlichen und überhaupt der menschlichen Entwicklung bildet, sollen ihre Voraussetzungen und Bedingungen in den folgenden Abschnitten näher betrachtet und auch im Hinblick auf die Krippenpädagogik erörtert werden. Aus diesen Überlegungen werden dann Kriterien für die Beurteilung von Krippen und ihren pädagogischen Konzepten abgeleitet und zu einem Katalog zusammengestellt.

3.1 Entwicklungspsychologie der frühen Kindheit und der Begriff der Bindung

3.1.1 Begriff der Bindung

Wie oben schon angedeutet, besteht eine wichtige Voraussetzung für das weitere Leben eines Kindes darin, dass es eine sichere Bindung zu einer oder mehreren ihm nahestehenden Bezugspersonen aufbaut.

Bindung meint ein enges emotionales Band zwischen zwei Menschen.[32]

Bowlby und Ainsthworth haben den Begriff der Bindung in Abgrenzung zum Begriff der Abhängigkeit (dependency) entwickelt.

Obwohl Bowlby und andere Bindungsforscherinnen immer wieder von dem engen Band zwischen Eltern und Kindern sprechen, von der starken emotionalen Verbundenheit, möchten sie in dieser Beziehung doch nicht von Abhängigkeit reden, weil sie mit diesem Begriff bereits etwas Abwertendes, Krankes, vielleicht Süchtiges verbinden: „Das Konzept der Bindung unterscheidet sich deutlich von dem Konzept der Abhängigkeit."

Bei seinen Forschungen in Kinderheimen stellte Bowlby fest, dass eine emotional warme und herzliche Beziehung des Kindes zu seiner Mutter oder einer anderen Bezugsperson grundlegend wichtig ist für die gesunde geistige Entwicklung des Kindes.[33]

Das Kind zeigt Bindungsverhalten wie z.B. Lächeln, Weinen, Schreien, Rufen, Nachlaufen, die Arme ausstrecken, um Geborgenheit, Schutz, Nähe und

---

32 Ahnert, Lieselotte, (2011) Wieviel Mutter braucht ein Kind? Bindung, Bildung, Betreuung. Öffentlich und privat, Seite 43.

33 Laewen, Hans-Joachim; Andres, Beate; Hedevari Eva (2003) Die ersten Tageein Modell zur Eingewöhnung in Krippe und Tagespflege, Seite 26.

Zuwendung der ihm vertrauten Personen zu erhalten.[34] Während Bindung also ein enges emotionales Band zwischen Kind und Bezugsperson bedeutet, meint Bindungsverhalten ein Verhalten des Kindes, um Sicherheit, Schutz, Nähe, Geborgenheit herzustellen. Die meisten Kinder gehen im Laufe der ersten neun Monate Bindungen zu Personen ein, die sich andauernd um sie kümmern.[35] Wenn das Kind Bindungen eingeht, so besteht eine eindeutige Hierarchie. Das heißt, dass das Kind eine Bezugsperson den anderen vorzieht.[36]

Eine längere Trennung von dieser Person oder ihr Verlust führt „zu schweren Trauerreaktionen und großem seelischen Leid."[37]

3.1.2 Speicherung der Bindungserfahrungen in inneren Arbeitsmodellen

Durch die Erfahrungen, die das Kind mit seinen Bezugspersonen macht, bildet es ein „Inneres Arbeitsmodell"[38], welches im Gedächtnis gespeichert wird. Dieses innere Arbeitsmodell bildet sich aus den unterschiedlichen Bindungserfahrungen und wird durch neue Erfahrungen bestätigt oder verändert. Innere Arbeitsmodelle speichern den Umgang mit negativen Emotionen. Dabei geht es vor allem um Stressreduktion und Sicherheit und darum, wie das Kind seine emotionale Sicherheit wiederfindet.[39]

Innere Arbeitsmodelle speichern, inwiefern sich eine Bezugsperson zuverlässig und einfühlsam um ein Kind kümmert und ihm in Angst- und Stresssituationen zur Seite steht.

Dadurch bildet das Kind ein Selbstwertgefühl aus, denn es erfährt, ob es wertvoll genug ist, dass sich jemand um es kümmert und sich für das Kind einsetzt.[40]

---

34 Remo H. Largo, (2010) Baby Jahre, Entwicklung und Erziehung in den ersten vier Jahren, Seite 50.
35 Brisch, Karl Heinz; Hellbrügge, Theodor Hrsg. (2009) Wege zu sicheren Bindungen in Familie und Gesellschaft, Prävention, Begleitung, Beratung und Psychotherapie, Seite 154.
36 Ebenda, Seite 154.
37 Ebenda, Seite 154.
38 Diesen Begriff hat John Bowlby entwickelt.
39 Ahnert, Lieselotte (2011), Wieviel Mutter braucht ein Kind? Bindung, Bildung, Betreuung öffentlich und privat, Seite 46.
40 Ebenda, Seite 47.

Durch die Stressreduktion erlangt das Kind seine innere Sicherheit zurück. Die sichere Bindungsbeziehung führt dazu, dass dem Kind ein Gefühl von Sicherheit vermittelt wird.[41]

Sicherheit und Stressreduktion sind somit wichtige Bestandteile der Mutter-Kind Bindung.

3.1.3 Bindung als Bedürfnis nach Schutz und Fürsorge

Bindung stellt neben Kompetenz und Autonomie eines der drei Grundbedürfnisse dar.[42]

Auch im Tierreich gibt es „Bindung" zwischen den Jungtieren und ihren Eltern, man denke hier z.b. an die Gänseküken, die Konrad Lorenz zuerst sahen, nachdem sie aus dem Ei geschlüpft waren und das Licht der Welt erblickt und ihm überall hin folgten. Statt dieses Verhalten als „Bindung" zu bezeichnen, wird für die Tierwelt von „Prägung" gesprochen. Diese Prägung auf das Muttertier geht später verloren und es bleibt noch die sog. soziale Prägung.[43]

Auch bei Tieren ist es nicht allein wichtig, dass Jungtiere Futter von ihrer Mutter bekommen, diese sind ebenso wie Menschenkinder auf Wärme und Schutz angewiesen. Affenbabys z.B., die die Wahl hatten zwischen einer Drahtmutter, die ihnen Milch gab und einer Plüschmutter, tranken schnell bei der Drahtmutter und suchten dann Zuwendung und Schutz bei der Plüschmutter,[44] denn „ohne Schutz und Fürsorge kann bei sozial lebenden Säugetieren kein Junges überleben."[45] Die psychoanalytischen bzw. lerntheoretischen Theorien erklären die emotionale Beziehung zwischen Mutter und Kind durch die sog. Sekundärtriebtheorie.

Danach baut das Kind eine emotionale Beziehung zur Mutter auf, weil sie diejenige ist, die es ernährt.[46] Sie gehen also davon aus, dass die Liebe des Kindes zur Mutter dadurch entsteht, dass sie seinem Nahrungsbedürfnis nachkommt.[47] Die Mutter wird nach diesen Theorien dadurch zum Liebesobjekt.[48] Bowlby geht

---

41 Ebenda, Seite 46.
42 Ebenda, Seite 156.
43 Grossmann, Das Gefüge psychischer Sicherheit, Seite 42.
44 Ahnert, Wieviel Mutter braucht ein Kind, Seite 42.
45 Grossmann, Karin; Grossmann, Klaus (2012) Bindungen, Das Gefüge psychischer Sicherheit, Seite 31.
46 Henri Julius, in: Julius, Henri (2009) Bindung im Kindesalter: Diagnostik und Intervention, Seite 13.
47 Ebenda.
48 Ebenda.

demgegenüber davon aus, dass Menschen und auch Primaten Verhaltensweisen entwickelt haben, die ihrer Art spezifisch sind, die darauf gerichtet sind, dass ein Kleinkind die Nähe zu seiner primären Bezugsperson aufrecht erhalten kann.[49]

Auch in der Kind-Mutter-Bindung sind neben der Fütterung Schutz und Fürsorge durch die Mutter entscheidend für die Entwicklungsmöglichkeiten des Kindes.

Dabei steht der Begriff Fürsorge für ein feinfühliges Eingehen der Mutter auf die Signale des Kindes.

3.1.4 Zusammenfassende Definition von Bindung

Bindung kann demnach definiert werden als „ein lang andauerndes affektives Band zu ganz bestimmten Personen, die nicht ohne Weiteres auswechselbar sind, deren körperliche, psychische Nähe und Unterstützung gesucht werden, wenn z.B. Furcht, Trauer, Verunsicherung, Krankheit, Fremdheit usw. in einem Ausmaß. erlebt werden, das nicht mehr selbstständig regulierbar ist."[50]

3.2 Beginn der Bindung

Über den Zeitpunkt des Bindungsbeginns besteht keine Einigkeit.[51] Die Differenzen beruhen auf der Bewertung der kindlichen Perzeption seiner Umwelt.

3.2.1 Bindung entwickelt sich aufgrund kognitiver Voraussetzungen erst nach der Geburt

Dementsprechend geht eine Ansicht davon aus, dass das Kind sich nicht schon vor der Geburt oder mit der Geburt an seine Eltern bindet, da ihm die Fähigkeit abgesprochen wird, seine Eltern in einer frühen Phase seiner Entwicklung als „Bezugspersonen" zu kennen, auch wenn es sie gerade nicht sieht (Objektpermanz) und zum anderen seine Eltern von fremden Personen unterscheiden zu können.

Da das Kind diese kognitiven Voraussetzungen erst in seinen späteren Lebensmonaten erwirbt, wird angenommen, dass es sich auch erst mit zeitlicher Verzögerung an seine Eltern binden kann.

---

49 Ebenda.
50 Seiffge-Krenke, Inge (2008) Psychotherapie und Entwicklungspsychologie, Beziehungen, Ressourcen, Herausforderungen und Risiken, Seite 58.
51 Vgl. Lohaus, Arnold; Vierhaus, Marc (2013) Entwicklungspsychologie des Kindesund Jugendalters für Bachelor, Seite 99.

3.2.2 Bindung beginnt bereits vor der Geburt

Die entgegengesetzte Richtung spricht dem Kind dagegen weitgehende Perzeptionsmöglichkeiten zu, so dass Bindung bereits vor der Geburt beginnt. Auch das Kind im Mutterleib kann bereits fühlen, sehen, riechen, hören, schmecken und ein Gefühl von Wohlsein und Unwohlsein zum Ausdruck bringen.[52] Es nimmt bereits die Stimmen und auch die Stimmungen seiner Eltern wahr. Im Mutterleib bilden sich auch bereits Gefühle wie Vertrauen oder Misstrauen gegenüber der Außenwelt heraus.[53] Die erste Bindung des Menschen besteht über Plazenta und Nabelschnur.[54] Die erste Trennung eines jeden Menschen ist die Trennung vom Mutterleib.[55] Forscher gehen in der heutigen Bindungsforschung davon aus, dass eine enge Bindung zwischen Mutter und Kind bereits lange vor der Geburt besteht.[56] „Durch somatographische Aufzeichnungen der Bewegungen des Fötus im Mutterleib, durch Abhören seiner Lautäußerungen und durch die Untersuchung von Stresshormonen (z.B. Cortisol) im fötalen Nabelschnurblut lässt sich die Wechselwirkung zwischen mütterlichem Befinden und Verhalten und den Reaktionen des Ungeborenen leicht nachweisen. Entspanntheit, Freude und Zuwendung der Mutter durch Sprechen, Singen und Streicheln des kindlichen Körpers in ihrem Bauch beruhigen den Fötus und führen bei ihm zu freudiger Erregung; mütterliche Belastungen, Ängste und mangelnde Zugewandtheit erzeugen bei ihm dagegen Unruhe und eine Erhöhung seiner Stresshormone."[57]

3.3 Entwicklungsphasen der Bindung in der frühen Lebenszeit

3.3.1 Nähe und Schutz einer erwachsenen Bezugsperson überlebensnotwendig

Im Gegensatz zu vielen Tierarten, z.B. zu wirbellosen Tieren, die eine vollständige Entwicklung mit einer vollkommenen Umwandlung durchlaufen (Holometabole), die auch ein Puppenstadium beinhaltet, wobei sie oft in keinem Entwicklungsstadium eine Pflege durch erwachsene Tiere benötigen, findet bei den Menschen eine wesentliche Zeitspanne der Entwicklung außerhalb des

---

52 vgl. Levend, Helga; Janus, Ludwig (2011) Bindung beginnt vor der Geburt, Seite 10.
53 Ebenda, Seite 11.
54 Ebenda, Seite 11.
55 Ebenda, Seite 11.
56 Petri, Horst (2007) Bloß nicht zu viel Liebe. Eltern und Kinder zwischen Bindung und Freiheit. Ein Lebensweg, Seite 16, 17.
57 Ebenda, Seite 16, 17.

Mutterleibes statt, weshalb die Nähe zu einer erwachsenen Bindungsperson eine äußerst wichtige Überlebensstrategie darstellt.

„Die Geburt stellt den ersten tiefgreifenden Erlebniseinschnitt im bisherigen Kontinuum dar. Dieses Kontinuum zerfällt plötzlich in Diskontinuitäten, denn nichts kommt mehr von selbst, alles muss seitens des Babys aktiv erworben werden."[58]

Bei Menschenkindern sind Nachfolgeverhalten und das Anklammern an die Mutter nicht so ausgebildet wie bei Menschenaffen, stattdessen ist das Kind mit überragenden sozialen Fähigkeiten ausgestattet. Diese Kommunikationsfähigkeit ist für den Säugling überlebenswichtig.[59] „Das Baby ist nun, um überleben zu können, völlig auf aufmerksame Erwachsene angewiesen. Diese sorgen für Beruhigung, Sättigung, Wärme- und Reizregulierung, Pflege und psychische Resonanz."[60] Das Kind schwankt zwischen Zuständen, in denen es ausgeglichen ist und Zuständen der Reizüberflutung, aus dem Inneren z.B. Hunger, Schmerz, Verlassenheit oder Außenreizen wie Lärm, Wärme oder Kälte, die es noch nicht allein verarbeiten kann.[61]

Kinder brauchen ihnen nahestehende Bezugspersonen, die sich liebevoll um sie kümmern, sie können in Isolation nicht überleben, was die Schicksale der sogenannten wilden Kinder zeigen, die keine Menschen hatten, die sich um sie gekümmert haben.[62]

„Die emotionale Zuwendung durch eine Person ist offenkundig sehr entscheidend für die weitere Entwicklung eines Kindes."[63]

3.3.2 Entwicklungspsychologische Phasen der Bindungsentstehung

Nach Bowlby und Ainsthworth durchläuft das Kind beim Aufbau einer Bindung zu einer Bindungsperson entwicklungspsychologisch gesehen vier Phasen.

Die erste Phase umfasst etwa die ersten beiden Lebensmonate, in denen die sozialen Reaktionen noch nicht an eine bestimmte Bezugsperson gebunden

---

58 Israel, Agathe; Kerz-Rühling, Krippenkinder in der DDR, Frühe Kindheitserfahrungen und ihre Folgen für die Persönlichkeitsentwicklung und Gesundheit, Seite 34.

59 Ahnert, Lieselotte (2011), Wieviel Mutter braucht ein Kind? Bindung, Bildung, Betreuung öffentlich und privat, Seite 5.

60 Israel, Agathe; Kerz-Rühling, Krippenkinder in der DDR, Frühe Kindheitserfahrungen und ihre Folgen für die Persönlichkeitsentwicklung und Gesundheit, Seite 35.

61 Ebenda.

62 Ahnert, Lieselotte (2011), Wieviel Mutter braucht ein Kind? Bindung, Bildung, Betreuung öffentlich und privat, S. 8, 9.

63 Ebenda S. 10.

sind. Deshalb wird diese Phase auch als Phase der unspezifischen sozialen Reaktionen bezeichnet.[64]

In der zielorientierten Phase reagiert der Säugling zielgerichteter auf die ihm vertrauten, nahestehenden Personen. Diese Phase umfasst die Entwicklung des Säuglings etwa bis zum 6. Lebensmonat.[65] „Der Säugling richtet jetzt seine sozialen Äußerungen bevorzugt an seine Mutter. Sie kann ihn z.b. eher zum Lachen oder zum Vokalisieren bringen, und er lässt sich von ihr eher und besser trösten als von irgendjemand anderem. Er streckt bevorzugt ihr und wenigen vertrauten anderen und nicht Fremden seine Ärmchen entgegen."[66]

Die dritte Phase wird als Phase des aktiven und initiierten zielkorrigierten Bindungsverhaltens bezeichnet. Der Säugling kann nun krabbeln oder rutschen und gezielt greifen, auch entwickelt der Säugling zunehmend eine Vorstellung von der Mutter.[67]

„Der mobile Säugling kann jetzt aktiver und selbständiger als vorher die Nähe zur Bindungsperson bestimmen. Er kann die Mutter verfolgen, wenn sie sich entfernt, oder sie rufen und suchen, wenn er sie nicht sieht. Viele Säuglinge freuen sich deutlich sichtbar mit aufgeregten Bewegungen, einer sich aufhellenden Mimik und speziellen Grußlauten, wenn sie wiederkehrt."[68]

Die vierte Phase wird als Phase der zielkorrigierten Partnerschaft begründet, weil das Kind durch sein wachsendes sprachliches Verständnis, die Wünsche und Ziele seiner Bindungsperson immer mehr in sein eigenes Planen einbeziehen kann.[69]

Nach der Phase der Bindung folgt die Phase der Loslösung. Dieses Bestreben nach Loslösung wird von der Angst des Kindes begleitet, die Mutter als Bezugsperson zu verlieren.[70]

„Während die Muter die zentrale Figur für Bindung ist, wird der Vater Vorbild für die Phase der Loslösung, als Beispiel, dass eine erfolgreiche Existenz des Vaters in der Unabhängigkeit von der Mutter möglich ist."[71]

---

64 Vgl. Grosmann, Das Gefüge psychischer Sicherheit, Seite 74.
65 vgl. Ebenda, Seite 76.
66 vgl. Ebenda, Seite 76.
67 vgl. Ebenda, Seite 77.
68 Ebenda, S. 77.
69 Ebenda, S. 78, 79.
70 Weegemann/Kammerlander Hrsg. (2010) Die Jüngsten in der Kita, Ein Handbuch zur Krippenpädagogik, S. 105.
71 Ebenda.

Diese Phasen der Bindungsentwicklung müssen in der Krippe berücksichtigt werden, soweit sie Kinder der entsprechenden Alters- und Entwicklungsstufen betreut. Dabei muss zugleich zwischen der primären und der sekundären Bindung der Kinder unterschieden werden, denn die BetreuerInnen der Krippe dürfen auf keinen Fall in Konkurrenz zu einer bestehenden primären Bindung des Kindes treten und diese verdrängen.

3.4 Bindungsarten

3.4.1 Ausgangspunkt: Forschungen von Mary Ainsworth zur Bindungsqualität

Kinder brauchen eine Sicherheitsbasis, die ihnen als Grundlage dient, um die Welt zu erkunden.[72] Mary Ainsworth hat das Sicherheitskonzept von Bowlby überprüft und dabei die Qualität der Mutter-Kind-Bindung in den Mittelpunkt ihrer Forschung gestellt.[73]

Ainsworth hat die Bindungsqualität in Trennungssituationen der Kleinkinder von ihren Müttern untersucht. Dabei wollte sie herausfinden, wie die Kinder auf Trennung und Wiederkehr ihrer Mütter reagieren würden und wie die Mutter in der fremden Situation als Sicherheitsbasis dient und das Kind sich im Gegensatz dazu gegenüber einer fremden Situation verhält, ob es sich also beispielsweise von ihr trösten lässt.

Daraus haben Ainsworth und Wittig die sog. „Fremde Situation" entwickelt. Entscheidend für die Feststellung, welche Qualität die Bindung hat, war die Frage, ob das Kind beim Wiedersehen die Mutter als sichere Basis nutzt und wie es sie nutzt, um wieder in eine ausgeglichene Stimmung zu gelangen.[74]

Es erscheint auch als möglich, dass die Bindungsqualität vom Temperament des Kindes beeinflusst wird. Es wird angenommen, dass die mütterliche Feinfühligkeit darüber entscheidet, ob das Kind eine sichere oder unsichere Bindung entwickelt, während das Temperament die Art der unsicheren Bindung bestimmt.[75]

Nach den Forschungsergebnissen von Mary Ainsworth gibt es in Abhängigkeit von der Sensitivität der Vater-, bzw. Mutter-Kind-Interaktion im ersten

---

72 Ahnert, Lieselotte (2011), Wieviel Mutter braucht ein Kind? Bindung, Bildung, Betreuung öffentlich und privat, S. 49.
73 Ebenda.
74 Ebenda, Seite 52.
75 R. Schleiffer in: Julius, Henri (Hrsg.), Bindung im Kindesalter. Diagnostik und Intervention (Hogrefe), 2009, S. 42.

Lebensjahr drei Arten von Bindungen des Kindes an seine Eltern. Die unsicheren Bindungsarten sind zwar Alternativen, aber unerwünschte Alternativen, die auf Fehlprozesse in der Entwicklung eines Kindes hinweisen. Im Grunde ist es das Ziel für die Entwicklung jedes Kindes, dass es eine sichere (primäre) Bindung zu einer primären Bindungsperson aufbaut, die durch weitere Bindungen zu sekundären Bindungspersonen, z.B. BetreuerInnen in einer Krippe ergänzt und gestützt werden. Deshalb wäre es auch sinnvoller, der sicheren Bindung die Gruppe der gestörten Bindungen gegenüberzustellen.

Man könnte die unerwünschten „Alternativen" auch als Kompensationsstrategien der Kinder verstehen, mit denen sie einen Ausgleich für das Fehlen oder die unsichere Verfügbarkeit einer primären Bindungsperson schaffen, um ein inneres Gleichgewicht herzustellen, da kein Mensch – und vor allem kein Kleinstkind auf Dauer den psychischen Druck einer Isolierung und eines Verlassenseins ertragen kann.

3.4.2 Sichere Bindung

Bindungssicherheit bedeutet das Vertrauen, welches das Kind in das Fürsorgeverhältnis zu seiner Bezugsperson setzt.[76]

Bei der sicheren Bindung zeigen Kinder ein ausgewogenes Bindungs- und Explorationsverhalten, denn sie haben die Erfahrung gemacht, dass auf ihre Bezugspersonen grundsätzlich Verlass ist und dass ihre Bezugspersonen ihnen hinsichtlich ihrer Bindungs- und Erkundungsbedürfnisse mit Aufmerksamkeit und Feinfühligkeit begegnen.[77] Da diese Kinder eine sichere Basis haben, die ihnen Halt gibt, können sie ihre Umwelt auch voller Neugier erkunden. Diese sicher gebundenen Kinder können ihre Gefühle und Bedürfnisse gegenüber ihrer Bezugsperson offen und ohne Angst zum Ausdruck bringen und sich so bei ihr rückversichern.[78]

Sie zeigen auch „negative" Gefühle offen gegenüber der Bezugsperson. Außerdem gibt die Nähe der Bindungsperson dem Kind die Sicherheit, um sich wieder der Exploration zuzuwenden.[79] Die sicher gebundenen Kinder zeigen dann, wenn die Bindungsperson sich entfernt, ein deutliches Bindungsverhalten.

---

76 Ebenda.
77 Ebenda, S. 40.
78 Ebenda.
79 Vgl. Becker-Stoll, Fabienne; Niesel, Renate; Wertfein, Monika, Handbuch Kinder in den ersten drei Lebensjahren, Theorie und Praxis für die Tagesbetreuung, 2009, S. 45.

Sie zeigen offene Freude, wenn ihre Bindungsperson wiederkommt und haben in der Trennungssituation den geringsten Gehalt des Stresshormons Cortisol.[80]

3.4.3 Gestörte Bindungen

Bei den unsicheren Bindungen unterscheidet man die unsicheren aber organisierten Bindungen, zu denen die unsicher-vermeidende und die unsicher-ambivalente Bindung gehört, von der unsicheren desorganisierten Bindung, bei welchem es dem Kind nicht gelingt, ein organisiertes Bindungsmuster aufzubauen.

3.4.3.1 Unsicher-vermeidende Bindung

Bei Kindern, die unsicher-vermeidend gebunden sind, überwiegt das Explorationsverhalten gegenüber dem Bindungsverhalten. Sie verstecken negative Gefühle gegenüber der Bindungsperson. Wenn das Kind Leid empfindet, hält es einen Abstand zur Bezugsperson, denn es hat Angst, zurückgewiesen zu werden.[81]

Bei diesen Kindern wurde zunächst vermutet, dass sie sicher gebunden seien, da sie als besonders selbständig erschienen, Forschungen zeigten aber, dass sie den größten Pegel des Stresshormons Cortisol aufwiesen.[82] Diese Kinder hatten oft Bezugspersonen, die „sich durch die Äußerung ihrer Bindungsbedürfnisse eher bedrängt fühlen"[83] und sie hatten dadurch das Gefühl, dass vor allem ihre Autonomie geschätzt wird.[84]

Da die unsicher-vermeidend gebundenen Kinder bereits eine Enttäuschung erwarten, wenn sie sich sich an ihre Bezugsperson wenden, verzichten sie darauf, ihren Wunsch nach Bindung zum Ausdruck zu bringen und das, obwohl ihr Bindungssystem aktiviert ist und sie eigentlich Schutz und Fürsorge brauchen.[85]

Bei dieser Variante einer gestörten Bindung hat sich das Kind offensichtlich auf sich selbst zurückgezogen in eine distanziert scheinbar souveräne Haltung hinein, wobei seine Hoffnungen auf die Entwicklung einer emotional erfüllenden Beziehung zu seiner persönlichen Umwelt weitgehend erloschen sind.

---

80 Jungmann, Tanja; Reichenbach, Christina (2011), Bindungstheorie und pädagogisches Handeln, Ein Praxisleitfaden, S. 28.
81 Ebenda, S. 45.
82 Jungmann, Tanja; Reichenbach, Christina (2011), Bindungstheorie und pädagogisches Handeln, Ein Praxisleitfaden, S. 28.
83 R. Schleiffer, in: Julius Henri (Hrsg.); Bindung im Kindesalter. Diagnostik und Intervention (Hogrefe), 2009, S. 40.
84 Ebenda.
85 Ebenda.

3.4.3.2 Unsicher-ambivalente Bindung

Bei unsicher-ambivalent gebundenen Kindern nimmt das Bindungsverhalten gegenüber dem Explorationsverhalten einen größeren Raum ein. Das Kind ist unbeherrscht ängstlich und wütend, denn es kann „die Zuwendung der Bindungsperson nicht steuern."[86]

Es hat die Erfahrung gemacht, dass es seine Bezugsperson in ihrer Reaktionsbereitschaft nicht einschätzen kann, denn diese verhält sich nicht immer zuverlässig, sondern je nach ihrem eigenen Befinden unvorhersehbar.[87] Liegt eine solche Unvorhersagbarkeit der Reaktion der Bezugsperson vor, so entwickelt das Kind mit hoher Wahrscheinlichkeit eine unsicher-ambivalente Bindung.[88] Aber die Frage, ob das Kind eine unsicher-vermeidende Bindung oder eine unsicher-ambivalente Bindung entwickelt, wird wahrscheinlich auch vom Temperament des Kindes mit beeinflusst.

Das Kind schwankt zwischen dem Suchen nach der Nähe der Mutter und ihrer ärgerlichen Abwehr.[89] Unsicher-ambivalent gebundene Kinder reagieren auf Trennungssituationen sehr stark und sind kaum zu beruhigen. Ihr Stresspegel ist höher als derjenige sicher gebundener Kinder, aber niedriger als der unsicher-vermeidender Kinder.[90]

Bei dieser Variante einer gestörten Beziehung scheint das Kind aktiv um eine positive Beziehung zu seiner Bezugsperson zu kämpfen, woraus sich für mögliche Interventionen günstige Voraussetzungen ergeben könnten, da das Kind sich – anders als bei der unsicher-vermeidenden Bindung – nicht in sich selbst zurückgezogen hat.

3.4.3.3 Desorganisierte Bindung

Die so genannte desorganisierte Bindung betrifft häufig Fälle, in denen eine Kindeswohlgefährdung vorliegt. Kinder mit desorganisiertem Bindungsmuster haben kein klares Verhaltensmuster, wie die Kinder der bisher genannten anderen

---

86 Jungmann, Tanja; Reichenbach, Christina (2011), Bindungstheorie und pädagogisches Handeln, Ein Praxisleitfaden, Seite 28.
87 R. Schleiffer, in: Julius Henri (Hrsg.); Bindung im Kindesalter. Diagnostik und Intervention (Hogrefe), 2009, Seite 41.
88 Ebenda.
89 Laewen, Hans-Joachim; Andres, Beate; Hedevari, Eva 2003, Die ersten Tage, Ein Modell zur Eingewöhnung in Krippe und Tagespflege, Seite 28, 29.
90 Jungmann, Tanja; Reichenbach, Christina (2011), Bindungstheorie und pädagogisches Handeln, Ein Praxisleitfaden, Seite 29.

Bindungsarten, sondern sie zeigen bizarre Verhaltensweisen wie Einfrieren des Gesichtsausdrucks oder des Körpers oder Grimassieren.[91] Diese Kinder sind sich nicht sicher, ob sie sich ihrer Bezugsperson annähern oder sich doch lieber von ihr fernhalten sollen.[92] Das Bindungssystem dieser Kinder wird gerade von der Person aktiviert, die sie im schlimmsten Fall schlecht behandelt hat. Da das Verhalten der Bezugsperson zu widersprüchlich ist, kann das Kind keine organisierte Erwartungsstruktur hinsichtlich künftiger Interaktionen mit dieser Bezugsperson aufbauen.[93]

Auch, wenn die Mütter selbst ein unverarbeitetes Bindungstrauma haben, kann es sein, dass dadurch, dass ihr Kind sich mit Bindungsverhalten an sie wendet, eigene Erfahrungen der Mutter hervorgerufen werden, die sehr leidvoll für sie gewesen sind, so dass sich deshalb die Mutter zumindest für eine gewisse Zeit, nicht angemessen um ihr Kind kümmern kann.[94]

Das Kind erfährt damit, dass es mit seiner eigenen Angst wiederum die Mutter in Angst versetzt. Das bedeutet, dass die Bezugsperson anstatt eine Sicherheitsbasis für das Kind zu sein, „selbst die Quelle emotionaler Belastung für ihr Kind" darstellt.[95]

3.5 Sichere Bindung als Schutzfaktor

Der Erfolg oder Misserfolg einer sicheren Bindung in der frühen Kindheit wirkt sich auf die seelische, geistige und soziale Entwicklung eines Menschen über seinen gesamten Lebenslauf aus.[96]

Kinder, die sichere Bindungen aufgebaut haben, empfinden sich als liebens- und beschützenswert.[97] Es gibt sowohl Risiko-, als auch Schutzfaktoren in der kindlichen Entwicklung. Diese können zum einen im Kind, zum anderen in der Familie oder in der Umwelt liegen. Eine sichere Eltern-Kind-Bindung bildet

---

91 Ebenda.
92 R. Schleiffer, in: Julius, Henri (Hrsg.), Bindung im Kindesalter. Diagnostik und Intervention (Hogrefe), 2009, S. 41.
93 Ebenda.
94 Ebenda.
95 Ebenda, S. 42.
96 Petri, Horst; Bloß nicht zu viel Liebe. Eltern und Kinder zwischen Bindung und Freiheit. Ein Lebensweg, Verlag Kreuz (2007), S. 27.
97 Leu, Hans Rudolf, Anna von Behr (Hrsg.), 2013, Forschung und Praxis der Frühpädagogik, Profiwissen für die Arbeit mit Kindern von 0–3 Jahren, S. 113.

einen wesentlichen Schutzfaktor für das Kind.[98] Die Entwicklung einer sicheren Bindung bedeutet auch, dass das Kind ein gutes Selbstkonzept aufbauen kann, denn es findet in schwierigen Zeiten bei seiner Bezugsperson Unterstützung und erfährt, dass es eine Situation zum Positiven verändern kann. Dies stärkt seine Selbstwirksamkeit.[99] „Die Bindungsfähigkeit hat auch eine Bedeutung für das Selbstkonzept, die Bewältigungsfähigkeit und die Gestaltung sozialer Beziehungen."[100] Menschen mit sicheren Bindungen sind auch eher davor geschützt, psychische Krankheiten zu entwickeln. Liegt dagegen eine unsichere Bindungsqualität vor, so stellt dies einen Risikofaktor dar, der die Wahrscheinlichkeit erhöht, dass sich bei dem betroffenen Kind zu einem späteren Zeitpunkt eine psychische Störung herausbildet.[101]

„Die meisten sicher gebundenen Kinder bewältigen die Entwicklungsaufgaben in den verschiedenen Lebensabschnitten ohne größere Schwierigkeiten; unsicher oder desorganisiert gebundene Kinder zeigen dagegen, abhängig vom Grad der Unsicherheit, deutliche Defizite im psychosozialen und psychosexuellen Reifungsprozess und in der Beziehungs- und Bindungsfähigkeit zu ihnen nahe stehenden Personen. Diese Spuren einer frühen unsicheren Bindung lassen sich bis ins Erwachsenenalter verfolgen."[102]

Oft werden „zerstörerische, aggressive und oppositionell-trotzige Verhaltensweisen im Vorschulalter"[103] als Folge von Erziehungsfehlern der Eltern oder als Problem, das im Kind selbst liegt, angesehen. Dem Kind wird oft eine negative Absicht unterstellt.[104] Dabei fehlt dem Kind oft einfach eine sichere Bindung zu einer feinfühligen und verlässlichen Person.

---

98   Jungmann, Tanja; Reichenbach, Christina (2011), Bindungstheorie und pädagogisches Handeln, Ein Praxisleitfaden, S. 9.

99   R. Schleiffer, in: Julius, Henri (Hrsg.), Bindung im Kindesalter. Diagnostik und Intervention (Hogrefe), 2009, S. 43.

100 Ebenda, S. 44.

101 Ebenda, S. 45.

102 Petri, Horst; Bloß nicht zu viel Liebe. Eltern und Kinder zwischen Bindung und Freiheit. Ein Lebensweg, Verlag Kreuz (2007), S. 27.

103 Brisch, Karl Heinz; Hellbrügge, Theodor (Hrsg.), 2009, Wege zu sicheren Bindungen in Familie und Gesellschaft, Prävention, Begleitung, Beratung und Psychotherapie, S. 187.

104 Ebenda, S. 187.

3.6 Voraussetzungen für das Entstehen einer sicheren Bindung zum Kind auf Seiten der Bezugsperson

Auf Seiten der Bezugspersonen ist wichtig, dass sie feinfühlig, verlässlich, offen und freundlich sind und die Bedürfnisse des Kindes richtig erkennen. Sensitivität bzw. Feinfühligkeit beziehen sich auf die Fähigkeit einer Bezugsperson, in konsistenter Weise die Signale ihres Kindes wahrzunehmen, sie richtig zu interpretieren sowie angemessen und prompt darauf zu reagieren.[105]

Mary Ainsthworth unterscheidet vier Merkmale der Feinfühligkeit.[106]

Zum einen ist wichtig, dass die Bezugspersonen die Signale des Kindes aufmerksam wahrnehmen. Als zweites Merkmal ist die Empathiefähigkeit der Bezugspersonen wichtig, also die Fähigkeit, „sich in die Lage des Kindes versetzen zu können und nicht ihre eigenen Bedürfnisse als Verständnisgrundlage heranzuziehen."[107]

Drittens ist wichtig, dass die Eltern prompt, d.h. „umgehend und ohne Verzögerungen reagieren."[108] Dadurch kann das Kind einen ursächlichen Zusammenhang zwischen seinem eigenen Verhalten und dem der Eltern herstellen und erlebt aus dieser Verknüpfung heraus „ein erstes Gefühl von Effektivität."[109]

Das vierte Merkmal nach Ainstworth beinhaltet, dass die Eltern angemessen auf die Signale des Kindes reagieren.

Ein Beispiel zeigt, wie unangemessen auf die Signale des Kindes reagiert wird: „Frau S stillte ihre neugeborene Tochter Lydia nach einem bestimmten Ritual. Erst gab sie die rechte Brust, dann unterbrach sie die Fütterung und windelte das Baby, dann gab sie die linke Brust, auf die sich das Baby regelrecht stürzte. Lydia protestierte anfangs heftig gegen die Unterbrechung, strampelte und schrie beim Wickeln. Die Mutter interpretierte dies als Bauchschmerzen. Einige Wochen später verhielt sich Lydia etwas „gelassener", schaute die Mutter während des Windelwechsels mit ernstem Gesicht und forschendem Blick an, jammerte etwas und wehrte sich kaum. Vermutlich hatte sich in Lydia gegen das Hungergefühl und die Frustration der Unterbrechung eine Hoffnung etabliert, dass es mit dem Stillen schon weitergehen würde, auch wenn sie mitteilte, dass das Ritual nicht ihrer Befindlichkeit entsprach. Die Mutter hatte die Empfehlung der

---

105   vgl. Ainsworth, Bell & Stayton, 1974.
106   Zu den vier Merkmalen vgl. Viernickel, Susanne; Voelkel, Petra Hrsg. (2009) Bindung und Eingewöhnung von Kleinkindern, S. 23.
107   Ebenda.
108   Ebenda.
109   Ebenda.

Hebamme, man könne auch zwischendurch das Baby windeln aufgrund ihrer eigenen Unsicherheit als Vorschrift verstanden und wollte es besonders richtig machen. Sie deutete Lydias Unmut als Bauchschmerzen um, denn in einer Pflegeanleitung hatte sie etwas über Dreimonatskoliken gelesen.

Einige Wochen später hatte sich Lydia gänzlich auf den Rhythmus eingestellt, füllte ihren leeren Mund mit Lauten und schäkerte mit ihrer Mutter auf der Wickelkomode, die ihr ansonsten wenig Zuwendung gab, oder „sprach" verträumt mit den runden Elementen eines Mobiles über ihrem Kopf."[110] Dieses Beispiel zeigt, wie wichtig es ist, dass die Bezugsperson herausfindet, „was dieses Baby in diesem Moment braucht."[111]

Sicher gebundene Kinder „hatten Mütter, die im Verhältnis zu ihren Kindern sensitiv-feinfühlig sind und die ihr Kind in seinen Eigenheiten, in seinen Wünschen Bedürfnissen und Präferenzen verstehen, können in der Interaktion mit dem Kind verständnisvoller reagieren."[112]

Durch die feinfühlige Beantwortung seines Bindungsverhaltens und die positive Einstellung ihm gegenüber hat das Kind in gewisser Weise eine Kontrolle über seine Umgebung.

„Es erlebt, dass die Umgebung verlässlich ist und kann Vertrauen in die Welt entwickeln. Eine Sensitivität der Bezugspersonen für die Signale eines Kindes gilt dementsprechend als wichtige Grundlage für das Entstehen einer sicheren Bindung des Kindes an seine Bezugspersonen."[113]

Die Bindungspersonen helfen dem Kind in Stresssituationen, seine Emotionen zu regulieren, welches später sehr wichtig ist für die Eigenregulation der Emotionen durch das Kind.[114]

Dagegen muss das Kind, welches unsichere Beziehungserfahrungen gemacht hat, seine Emotionen selbst regulieren.[115] „Da diese Fähigkeiten im Kleinkindalter zunächst jedoch noch ungenügend entwickelt sind, bleiben die eigenen

---

110 Israel, Agathe; Kerz-Rühling, Ingrid (2008), Krippenkinder in der DDR, Frühe Kindheitserfahrung und ihre Folgen für die Persönlichkeitsentwicklung und Gesundheit, S. 47, 48.
111 Ebenda, S. 35.
112 Frühe Bindungen und Sozialisation, Eine Einführung (2005), S. 48.
113 Lohaus, Arnold; Vierhaus, Marc (2013), Entwicklungspsychologie des Kindesund Jugendalters für Bachelor, S. 98.
114 Leu, Hans Rudolf; Von Behr, Anna (Hrsg.), 2013, Forschung und Praxis der Frühpädagogik, Profiwissen für die Arbeit mit Kindern von 0–3 Jahren, Seite 113.
115 Ebenda.

Bewältigungsstrategien unbefriedigend und führen von daher eher zu einer negativen Selbstbewertung."[116]

Kinder brauchen eine sichere Basis. Haben sie diese nicht, werden Selbstbildungsprozesse verhindert, da sichere Bindungen die Grundlage bilden für Erkunden und Lernen.[117]

Besonders in Stresssituationen ist es wichtig, dass sich eine Bezugsperson einfühlsam um das Kind kümmert und ihm Geborgenheit und Schutz gibt.

„Für die Entwicklung spezifischer Bindungen an erwachsene Bezugspersonen ist vor allem die Qualität der Interaktionen mit diesen Personen Ausschlag gebend."[118]

Eine sichere Bindung zur Mutter bedeutet jedoch nicht, dass das Kind nur auf die Mutter als Bezugsperson bezogen sein sollte, sondern vielmehr, dass das Kind bei ihr Verständnis und Schutz findet.

Die Bindung soll die Kleinen ermutigen und mit dem nötigen Mut für eine eigenaktive Erkundung ausstatten und unter keinen Umständen der natürlichen Neugier im Wege stehen.

Eine unsichere Bindung zur primären Bezugsperson ist dagegen ein Risikofaktor und es ist schwierig, einer unsicheren Biundung in einer Kindertagesstätte zu begegnen.

„Wenn das Kind allerdings mit einer unsicheren Bindung in eine Kindertagesstätte kommt, ist es für das Betreuungspersonal schwieriger, neue Beziehungen aufzubauen, da sie erst gegen das mitgebrachte Misstrauen des Kindes anarbeiten müssen.[119]

Erforderlich sind dann besondere Kompetenzen, insbesondere eine ausgeprägte Sensitivität im Umgang mit früh verunsicherten Kindern.[120]

Howes und Hamilton haben in einer Studie herausgefunden, dass Kinder mit einer sicheren Bindung als Erzieherin meistens eine Person hatten, die besonders involviert und sensibel mit ihnen war, d.h. sie reagierte besonders feinfühlig auf die Signale des Kindes.[121] Dadurch, dass das Kind in seiner Angst und Unsicherheit verstanden wird und dadurch, dass diese Gefühle in Gedanken und Worte umgewandelt werden, kann dies" einen Mechanismus begründen, mit dem sich

---

116   Ebenda.
117   Ebenda, S. 114.
118   Frühe Bindungen und Sozialisation, Eine Einführung (2005), Seite 85.
119   Ebenda, 85.
120   Frühe Bindungen und Sozialisation, Eine Einführung (2005), S. 85.
121   Viernickel, Susanne; Voelkel, Petra (Hrsg.), 2009, Bindung und Eingewöhnung von Kleinkindern, S. 50.

die Unsicherheiten und Widrigkeiten bewältigen lassen, die im späteren Leben unweigerlich erfahren werden.[122]

Auf Seiten der Bezugsperson setzt das Entstehen eines engen Bandes also ein sensibles, feinfühliges Beachten der Signale des Kindes, seiner Bedürfnisse voraus. Wichtig sind ferner Empathie, Akzeptanz und Wertschätzung, auch der Eigenheiten des Kindes. Außerdem ist eine Gelassenheit gegenüber der kindlichen Entwicklung notwendig, nämlich dem Kind die Zeit geben, die es braucht, um sich zu entwickeln und das Kind seinen eigenen Weg gehen lassen.

3.7 Voraussetzungen für das Entstehen einer Bindung auf Seiten des Kindes

Mit der Geburt verfügen Kinder über ein Verhaltenssystem, wodurch sie in der Lage sind, Bindungsverhalten gegenüber einer Person oder einigen wenigen Personen zum Ausdruck zu bringen.[123] Zwischen Kind und Mutter entsteht so eine enge Beziehung, die dem Schutz des Kindes dient.[124] Das Entstehen einer Bindung auf Seiten des Kindes setzt vor allem Vertrauen in eine ihm nahestehende Bezugsperson voraus und die Sicherheit, wertgeschätzt und verstanden zu werden und in schwierigen Situationen Hilfe zu erhalten. „Das Grundbedürfnis nach Bindung und sozialer Eingebundenheit steht für das Bedürfnis, enge zwischenmenschliche Beziehungen einzugehen, sich sicher gebunden zu fühlen und sich als liebesfähig und liebenswert zu erleben."[125] Damit eine Bindung zu einer Bezugsperson entstehen kann, setzt dies das Entwickeln einer Objektpermanenz als einer kognitiven Voraussetzung voraus. Objektpermanenz bedeutet, dass das Kind weiß, dass die Person auch weiterhin vorhanden ist, selbst, wenn es sie gerade nicht sehen kann.[126] Sonst könnte das Kind die Trennung von der Mutter als endgültig erleben, was ein traumatisches Erlebnis für das Kind darstellt. Außerdem ist notwendig, dass das Kind seine Eltern überhaupt von fremden Personen unterscheiden kann. „Die Entwicklung des sozial-emotionalen Bindungsverhaltens wird u.a. auch mit

---

122 Brisch, Karl Heinz; Hellbrügge, Theodor (Hrsg.), 2009, Wege zu sicheren Bindungen in Familie und Gesellschaft, Prävention, Begleitung, Beratung und Psychotherapie, S. 170.
123 Ebenda, S. 154.
124 Ebenda.
125 Becker-Stoll, Fabienne; Renate Niesel, Monica Wertfein (2009) Handbuch Kinder in den ersten drei Lebensjahren, Theorie und Praxis für die Tagesbetreuung S. 17.
126 Lohaus, Arnold; Vierhaus, Marc (2013), Entwicklungspsychologie des Kindesund Jugendalters für Bachelor, S. 99.

dieser Fähigkeit zur Objektpermanenz in Beziehung gebracht. Eine überdauernde Beziehung erfordert, dass man sich die Beziehungsperson innerlich vorstellt, und zwar nicht nur als Person, sondern als eine besondere Person, die einen schützt, umsorgt etc. Wenn diese Person das Kind an einem für es selbst nicht überschaubaren Ort verlässt, wird seine Vorstellung von dieser Person und ihrer Verlässlichkeit stark strapaziert. Das Kind ist nicht nur traurig und enttäuscht, sondern entwickelt Trennungsangst."[127] Das Kind kann diese Trennungsangst nur dann verkraften, wenn es sich ein Bild von dieser Person als besonders vertrauenswürdig und verlässlich gemacht hat, also eine sichere Bindung zu ihr entwickelt hat.[128] Etwa im Alter zwischen 12 bis 15 Monaten bildet das Kind eine Vorstellung über die Verlässlichkeit der Bindungsperson aus. Wenn die Eingewöhnung gerade in diese sensible Phase fällt, muss sie besonders feinfühlig erfolgen. Dadurch, dass Objektpermanenz eine Voraussetzung für Bindung ist, können sich Kinder erst mit zeitlicher Verzögerung an ihre Eltern binden.[129] Diese kognitiven Voraussetzungen bildet das Kind in den ersten Lebensmonaten aus.[130] Bindungsverhalten bezieht sich auf Verhaltensweisen des Kindes, um die Nähe der Bezugspersonen zu sichern, während mit Bindung das emotionale Band zwischen Kind und Bezugsperson gemeint ist.[131] Man unterscheidet zwischen einem Bindungsverhalten und einem Fürsorgeverhalten. Bindungsverhalten ist z.B. Weinen, Lächeln und das Suchen der Nähe der Bezugsperson, um Nähe und Fürsorge zu erhalten.[132] Fürsorgeverhalten ist das Reagieren auf die Signale des Kindes. Wenn das Kind eine Bindung zu einer Person aufgebaut hat, so kann es unter längeren Trennungen oder dem Verlust dieser Person sehr stark leiden.[133]

3.8 Bindung als Voraussetzung für ein Explorationsverhalten

Zu Bowlbys Konzept gehört auch das Explorationsverhalten des Kindes, welches auf eine Erkundung der Umwelt gerichtet ist.

---

127 Weegemann/Kammerlander (Hrsg.); Die Jüngsten in der Kita, Ein Handbuch zur Krippenpädagogik (2010), S. 95.
128 Ebenda.
129 Ebenda, S. 99.
130 Ebenda, S. 99.
131 Lohaus, Arnold; Vierhaus, Marc(2013), S. 99.
132 Ebenda, Seite 99.
133 Becker-Stoll, Fabienne; Niesel, Renate; Wertfein, Monoka, Handbuch Kinder in den ersten drei Lebensjahren, Theorie und Praxis für die Tagesbetreuung, (2009), S. 37.

Dem Bindungsverhalten des Kindes steht das Explorationsverhalten gegenüber. Dieses stellt die Grundlage dafür dar, dass das Kind sich seiner Umgebung zuwendet und diese erforscht. „Explorationsverhalten ist jede Form der Auseinandersetzung mit der Umwelt und damit die verhaltensbiologische Grundlage von Lernen."[134]

Bindungs- und Explorationsverhalten stehen sich antithetisch gegenüber, das heißt, sie schließen sich gegenseitig aus. Das Kind ist mit einem Bindungs- und einem Explorationssystem ausgestattet. Diese beiden Systeme hängen eng miteinander zusammen. Ist das Bindungssystem eines Kindes aktiviert, kann nicht gleichzeitig auch das Explorationssystem aktiviert sein.[135] „Wenn sich ein Kind sicher fühlt, wird es sich sehr wahrscheinlich erkundend von seiner Bindungsfigur wegbewegen.[136] Es ist wichtig, dass das Erkunden der Umwelt durch das Kind von seinen Bezugspersonen mit einer Ermutigung erwidert wird. Das Kind sollte so in seiner Selbstwirksamkeit gestärkt werden. Jeder Bildungsprozess setzt die emotionale Geborgenheit in einer sicheren Bindung zwischen ErzieherIn und Kind voraus.[137]

„Es kann keine Neugier, kein Lernen entstehen, wenn die Grundbedürfnisse des Kindes nach Bindung und Sicherheit nicht erfüllt werden."[138] Um sich gesund zu entwickeln, ist sowohl die Sicherheit der Exploration, als auch die Sicherheit der Bindung notwendig.[139] Das Explorationsverhaltenssystem ermöglicht dem Kind die Erkundung und Erforschung seiner Umwelt.[140] „Dabei wird das Bindungssystem aber nicht nur in Situationen von Unsicherheit und Kummer ausgelöst; so geht das Kind auch in unbedrohlichen Situationen zur Bezugsperson, um Zuwendung oder Verstärkung zu erhalten und erkundet und spielt in der Gegenwart des Erwachsenen deutlich aktiver, als wenn es allein wäre."[141]

---

134 Ebenda.
135 Ebenda.
136 Henri Julius, in: Julius, Henri (Hrsg.), Bindung im Kindesalter. Diagnostik und Intervention (Hogrefe), 2009, S. 13.
137 Brisch, Karl Heinz; Hellbrügge, Theodor (Hrsg.), 2009, Wege zu sicheren Bindungen in Familie und Gesellschaft, Prävention, Begleitung, Beratung und Psychotherapie, S. 157.
138 Seiffge-Krenke, Inge (2008), Psychotherapie und Entwicklungspsychologie, Seite 54.
139 Brisch, Karl Heinz; Hellbrügge, Theodor (Hrsg.), S. 156.
140 Ebenda, S. 155.
141 Rottmann, Ulrike; Ziegenhain, Ute (1988) Bindungsbeziehung und außerfamiliale Tagesbetreuung im frühen Kindesalter, S. 10.

3.9 Eingewöhnung in eine Krippe: Was sollte in Bezug auf Bindung beachtet werden?[142]

Wichtig ist, dass Kinder die Möglichkeit haben, sich langsam an die Situation in der Krippe zu gewöhnen und eine sichere Bindung zu ihrer Bezugserzieherin aufzubauen. Als Eingewöhnungskonzept dient meistens das sog. Berliner Modell. Dieses basiert theoretisch auf der Bindungstheorie und berücksichtigt auch internationale Forschungen zu diesem Alter.

Der Übergang von der Familie in die Krippe bedeutet für das Kind, dass es mit Bindungs- und Trennungssituationen konfrontiert wird. Die Möglichkeit der Betreuung von Kindern unter drei Jahren ist nur deshalb möglich, da auch sie schon in der Lage sind, neben ihren primären Bezugspersonen auch zu weiteren Personen Bindungen aufzubauen.

Das Kind kann zu der Bezugserzieherin eine sichere Bindung aufbauen, wenn sie feinfühlig auf die Signale des Kindes reagiert. Es kümmert sich zunächst nur eine Erzieherin um das Kind.

Während der Eingewöhnungszeit braucht das Kind anfangs nur ein bis zwei Stunden in der Einrichtung zu verbleiben, denn wichtiger, als die Zeit, die das Kind in der Einrichtung ist, sind die Intensität und die Qualität seiner Erfahrungen mit der Bezugsperson.[143] Dadurch, dass das Kind eine sichere Bindung zu seiner Bezugserzieherin aufbaut, kann es für eine gewisse Zeit am Tage auf die Anwesenheit der Eltern verzichten.[144] Dies ändert aber nichts daran, dass die Eltern die wichtigsten Bezugspersonen für das Kind sind und bleiben.[145] Mit ihnen sollte über diesen Zusammenhang gesprochen werden, weil sie sonst oft Ängste haben, ihre Bíndung an das Kind zu verlieren.[146]

Zwischen dem sechsten und 24. Lebensmonat reagieren Kinder auf eine Veränderung der Betreuungssituation besonders empfindlich, so dass eine sanfte Eingewöhnung notwendig ist.[147]

Das Berliner Eingewöhnungsmodell besteht aus fünf Phasen:

---

142 Die folgenden Ausführungen in diesem Abschnitt folgen in der Darstellung Maywald, Jörg; Schön, Bernhard (2008), Wie frühe Betreuung gelingt, Fundierter Rat zu einem umstrittenen Thema, S. 97–102.
143 Ebenda S. 98.
144 Ebenda, S. 98.
145 Ebenda, S. 98.
146 Ebenda, S. 99.
147 Ebenda, S. 99.

1. Phase: Rechtzeitige Information der Eltern

Den Eltern muss verdeutlicht werden, dass ihre Beteiligung am Prozess der Eingewöhnung notwendig und wichtig ist, da die Eltern die wichtigsten Bindungspersonen für das Kind sind und für das Kind eine sichere Basis darstellen und ihm helfen, von dort aus die neue Umgebung zu erkunden und eine Bindung zu seiner Bezugserzieherin aufzubauen.[148]

Den Eltern sollte verdeutlicht werden, dass die Voraussetzung, damit es ihrem Kind in der Einrichtung gut geht, eine sekundäre Bindungsbeziehung zu seiner Bezugserzieherin ist, dass die Eltern aber weiterhin die wichtigsten primären Bezugspersonen für das Kind bleiben.[149]

Außerdem erfahren die Eltern Näheres über den Eingewöhnungsprozess (z.B. „die Dauer der Eingewöhnung, die sich individuell nach dem Kind richtet, Verhaltensregeln für die Eltern, Absprachen über Aufgabenverteilung").[150]

2. Grundphase: 3 Tage

Die Eingewöhnung sollte desweiteren elternbegleitet stattfinden, das heißt, das Kind wird während der ersten drei Tage von einem Elternteil in die Einrichtung begleitet.[151]

Ferner sollten die Eltern sich zurückhalten und nicht mit dem Kind spielen, um ihm die Kontaktaufnahme zu seiner Bezugserzieherin zu ermöglichen. Deshalb sollten die Eltern nur dann reagieren, wenn das Kind sich von sich aus an sie wendet.[152] Die Eltern sind für das Kind die Sicherheitsbasis, zu der es zurückkehren kann, wenn es ihre Unterstützung braucht.[153] In den ersten drei Tagen bleiben die Eltern die ganze Zeit an der Seite ihrer Kinder, es gibt keine Trennungssituationen und sie wickeln und füttern auch ihre Kinder, welches dann allmählich von der Bezugserzieherin übernommen wird.[154]

Auch, wenn das Kind schon ein sicheres Verhalten zu zeigen scheint und die Umgebung erkundet, so ist dies oft darauf zurückzuführen, dass das Kind sich nur deshalb so unbekümmert der Exploration zuwendet, weil es seine Eltern in der Nähe weiß.[155]

---

148   Ebenda, S. 99.
149   Ebenda, S. 99.
150   Ebenda.
151   Ebenda, S. 100.
152   Ebenda.
153   Ebenda, S. 100.
154   Ebenda, S. 100.
155   Ebenda.

3. Phase: erste Trennung zwischen Eltern und Kind

Am vierten Tag, und wenn dies ein Montag ist, dann einen Tag darauf, trennen sich Eltern und Kind zum ersten Mal kurz, nachdem sie in der Einrichtung angekommen sind.[156]

Die elterliche Bezugsperson verabschiedet sich vom Kind und geht auch dann, wenn das Kind protestiert.[157] Sie bleibt in der Nähe des Gruppenraumes und wartet dort, ob sich das Kind von der Erzieherin trösten und beruhigen lässt.[158] Ist dies der Fall, so verbringt die Bezugsperson maximal eine halbe Stunde außerhalb des Gruppenraumes.[159] Lässt sich das Kind jedoch von seiner Bezugserzieherin nicht trösten, so wird sie wieder hereingeholt und es wird von einem weiteren Trennungsversuch an demselben Tag abgesehen.[160]

Dies ist ein Zeichen dafür, dass das Kind noch etwas länger braucht, um ohne die Eltern in der Einrichtung zu bleiben und die Erzieherin als Bindungsperson anzunehmen.[161]

Unter diesen Umständen dauert die Eingewöhnungsphase bis zu zwei Wochen länger.[162]

Wichtig ist zum einen, dass die Regeln des Berliner Eingewöhnungsmodells eingehalten werden und zum anderen, dass die Bezugserzieherin feinfühlig mit dem Kind umgeht.

Wenn sich das Kind nach den ersten Trennungsversuchen von der Erzieherin trösten lässt, so ist anzunehmen, dass es eine kürzere Eingewöhnungsdauer braucht.[163]

4. Stabilisierungsphase

In der Stabilisierungsphase, also nach dem vierten oder fünften Tag kümmert sich die Erzieherin im Beisein der elterlichen Bezugsperson um das Kind (Füttern, Wickeln).[164]

---

156 Ebenda, S. 100.
157 Maywald/Schön, S. 100, 101.
158 Ebenda, S. 101.
159 Ebenda.
160 Ebenda.
161 Ebenda.
162 Ebenda.
163 Ebenda.
164 Ebenda.

Die Eltern halten sich jedoch zurück und geben ihr die Möglichkeit, auf die Signale des Kindes zuerst zu reagieren.[165] Sie stehen der Erzieherin zur Seite, wenn das Kind die Unterstützung der Erzieherin noch nicht annehmen möchte.[166]

Die möglichen Reaktionen der Eltern müssen vorher abgesprochen werden, ebenso muss vorher geklärt sein, welche Erzieherin in der Einrichtung für das Kind zuständig ist.

Die Dauer der Stabilisierungsphase kann sich von einigen Tagen bis zu zwei Wochen erstrecken. Die Zeiten der Trennung werden allmählich verlängert, die Eltern bleiben jedoch abrufbereit in der Nähe.[167] Dabei kann die Erzieherin dem Kind helfen, bestimmte Abschiedsrituale mit dem Kind zu vereinbaren.[168]

5. Schlussphase

Die Schlussphase bezieht sich auf die dritte bis vierte Woche.[169] Diese Zeit verbringt das Kind ohne seine primäre Bezugsperson in der Einrichtung.[170] „Die Eltern sollen jedoch jederzeit erreichbar sein, falls die Beziehung zur Erzieherin noch nicht stabil genug ist, um das Kind bei besonderen emotionalen Belastungen aufzufangen."[171] Der Eingewöhnungsprozess ist abgeschlossen, wenn das Kind die Erzieherin neben seinen Eltern als „sichere Basis" in der Einrichtung akzeptiert und sich von ihr beruhigen und trösten lässt.[172] Manchmal reagiert das Kind auch nach der Eingewöhnungszeit mit Weinen, wenn die Eltern sich morgens von ihm verabschieden.[173] Wichtig ist hier, ob das Kind sich nach dem Abschied von den Eltern wieder trösten und beruhigen lässt und sich wieder der Exploration zuwendet.[174]

Da die Gewöhnung in die neue Umgebung für die Kinder auch mit großen Anstrengungen verbunden ist, reagieren viele Kinder mit Erschöpfung. Deshalb sollten sie zumindest in den ersten Wochen nach der Eingewöhnung nur halbtags betreut werden.[175]

---

165 Ebenda.
166 Ebenda.
167 Ebenda.
168 Ebenda, S. 101.
169 Ebenda, S. 102.
170 Ebenda, S. 102.
171 Ebenda, S. 102.
172 Ebenda, S. 102.
173 Ebenda, S. 102.
174 Ebenda.
175 Ebenda.

Wichtig ist, dass das Kind während des ganzen Eingewöhnungsprozesses in seinem „Bindungs- und Erkundungsverhalten"[176] sowie in seinem emotionalen Ausdrucksverhalten aufmerksam beobachtet wird.[177] Dieses ist z.B. wichtig für die Frage, wie lange die Eingewöhnung dauern sollte.[178]

---

176 Ebenda, S. 102.
177 Ebenda.
178 Ebenda.

4. „Gütekriterien" für Krippen zur Schaffung und Sicherung erfolgreicher Bindungen

Welche „Gütekriterien" sollten in einer Krippe erfüllt sein, damit sichere Bindungen der Kinder in verschiedenen pädagogischen Konzepten erreicht werden können?

4.1 Der Stellenwert der Bindung in einem pädagogischen Konzept für Krippen

Da eine sichere Bindung die unbedingte Voraussetzung für jegliche Entwicklung des Kindes ist, muss bei jedem pädagogischen Konzept für die frühe Kindheit zunächst gefragt werden, welchen Stellenwert sie in diesem Konzept hat. Wenn erkennbar ist, dass die Frage der Bindung nur temporär z.b. in einer Übergangszeit von Bedeutung ist oder faktisch keine Rolle spielt, da für die Umsetzung des pädagogischen Konzepts nicht die notwendigen Voraussetzungen bestehen (z.B. Kompetenz der Mitarbeiter, Personalschlüssel, Motivation der Mitarbeiter etc.), muss das pädagogische Konzept kritisch bewertet werden. Ein pädagogisches Konzept für die Betreuung von Kindern in Krippen, das seine Aufgabe primär in einer frühen Leistungsorientierung (z.B. „early english") und Kompetenzentwicklung der Kinder sieht, kann aus zwei Gründen mit der Konzentration auf die sichere Bindung in Konflikt geraten. Erstens ist die Rangfolge zwischen Leistungsorientierung und Bindung von Bedeutung, und ein Konzept der Leistungorientierung, das nicht auf sicheren Bindungen aufbaut, dürfte den Kindern mehr schaden als nützen. Zweitens kann gefragt werden, ob die frühe Leistungsorientierung sicheren Bindungen nicht sogar entgegenwirkt, da sie als von außen auf die Kinder einwirkende Intention und Kraft ihr eigenes exploratives Streben begrenzen und behindern könnte. Sichere Bindungen erhalten aber ihren Sinn in der Entwicklung eines Menschen gerade dadurch, dass sie in ihm Kräfte freisetzen und Sicherheiten in ihm erzeugen, die ihn zu einer bedingungslosen, freien Auseinandersetzung mit seiner Umwelt befähigen und nicht seine explorative Kraft durch frühes Training abstumpfen.

In der öffentlichen Diskussion werden u.a. enorme Möglichkeiten gesehen, „bereits in frühestem Alter entscheidende Grundlagen für die Bildungsbiografie zu legen"[179] und immer wieder wird betont, dass in frühem Alter besonders schnell und effektiv gelernt wird, wie sonst in keinem anderen Lebensalter und dieses effizient genutzt werden sollte.[180] Zudem wird angenommen, dass „Investitionen zur Förderung in diesem Alter die mit Abstand höchsten Erträge erwarten lassen."[181] Diese Auffassung führt sogar zu extrem frühen Lernangeboten für Kinder, um ihre enormen Ressourcen zu nutzen,[182] so wie z.B. die Homepage von „Brillbaby"[183] Materialien anbietet, um Kindern das Lesen beizubringen, schon bevor sie das erste Lebensjahr vollendet haben. Mit dem „Teaching Babys Survival Kit" wird Unterstützung versprochen, wenn man diese Kleinstkinder beim Lernen unterstützen will, aber nicht weiß, wie man das anstellt bzw. sich damit überfordert fühlt."[184] Das auf Leistungorientierung gerichtete Denken möchte die Lebensspanne des Menschen möglichst früh nutzbar und verwertbar machen, dabei übersieht es, dass eine behutsame, feinfühlige Betreuung des Kindes in Bezug auf seine Selbstbildungsprozesse langfristig einen größeren „Gewinn" in der Form selbsbewusster, kreativer Menschen „abwerfen" kann, als das Training spezialisierter Kenntnisse, die vielleicht im späteren Leben ohnehin keine oder eine geringe Bedeutung haben werden. Damit soll aber die Notwendigkeit von Lernprozessen für die Kinder nicht bestritten werden, sie müssen aber auf dem primären Zusammenhang der beiden Antagonisten „sichere Bindung" und „Exploration" als Selbstbildungsprozess beruhen. Natürlich sollten auch Kinder unter drei Jahren Anregungen erhalten z.B. durch interessantes Spielzeug, aber es ist sicherlich verkehrt, Kinder in so jungen Jahren bereits mit einem gezielten, erfolgsorientierten und messbaren Training zu konfrontieren, denn jedes Kind geht seinen eigenen Weg. Kinder sind von sich aus neugierig und suchen sich ihren Weg des Lernens und der Selbstbildung. Wenn ihnen vor allem Sicherheit und Geborgenheit gegeben wird, entwickeln sie ihre individuelle natürliche Neugier und ihr individuelles, selbsttätig forschendes Lernen. Jedes Kind findet seinen eigenen Weg, denn jedes Kind ist einzigartig und dies sollte in einer Pädagogik auch Berücksichtigung finden.

---

179   Leu, Hans Rudolf; Anna von Behr (Hrsg.), 2013, Forschung und Praxis der Frühpädagogik, Profiwissen für die Arbeit mit Kindern von 0–3 Jahren, S. 11.
180   Ebenda, S. 12.
181   Ebenda, S. 15.
182   Ebenda.
183   http://www.brillbaby.com.
184   Leu, Hans Rudolf; Anna von Behr (Hrsg.), 2013, Forschung und Praxis der Frühpädagogik, Profiwissen für die Arbeit mit Kindern von 0–3 Jahren, S. 21.

4.2 Faktoren zur Sicherung der „sicheren Bindung"

Eine sichere Bindung als Schutzfaktor für das Kind kann durch unangemessene Bedingungen gefährdet werden. Sie werden „als Vulnerabilität bezeichnet. Damit ist die Verletzbarkeit, Verwundbarkeit oder Empfindlichkeit einer Person gegenüber äußeren (ungünstigen) Einflussfaktoren gemeint, aus der sich eine erhöhte Gefahr für Entwicklungsabweichungen ergibt.[185]

Im Hinblick auf die Betreuung in einer Kinderkrippe ist vor allem die „sekundäre Vulnerabilität" relevant, während die primäre Vulnerabilität schon von Geburt an besteht, z.b. durch genetische Veranlagung, Behinderungen oder chronische Krankheiten. Die sekundäre Vulnerabilität kann dagegen durch ein negatives Pflegeverhalten hervorgerufen werden. Das Kind kann aber auch durch seine Interaktion mit der Umwelt Resilienz entwickeln.[186]

Folglich ist die Vulnerabilität im Laufe der Entwicklung veränderbar. Hier ist ein Ausgangspunkt für pädagogische Interventionen.[187] Folgende Resilienzfaktoren entstehen in der Wechselwirkung mit der Umwelt: ein positives Sozialverhalten, ein positives Selbstwertgefühl, eine gute Selbstwirksamkeitsüberzeugung und ein aktives Bewältigungsverhalten.[188]

Um also die sekundäre Vulnerabilität zu vermeiden und zu einer positven psychischen Entwicklung im obigen Sinne beizutragen, muss eine Reihe von persönlichen und organisatorisch-institutionellen Voraussetzungen in einer Krippe geschaffen werden. Dabei ist zwischen diesen beiden Kategorien nicht immer eine klare Trennung möglich, da organisatorische Fragen sich auf persönliche Haltungen etc. auswirken können und umgekehrt. Den Anfang sollen die persönlichen Voraussetzungen bilden, da sie den Schlüssel bilden für eine erfolgreiche Betreuung von Kleinstkindern, denn ohne geeignete Persönlichkeiten, die vor allem sensibel und feinfühlig mit den Kindern umgehen, wird keine organisatorische Maßnahme erfolgreich sein können.

4.2.1 Persönliche Voraussetzungen einer erfolgreichen Krippenbetreuung

Bei den persönlichen Voraussetzungen oder Eigenschaften muss wiederum unterschieden werden zwischen den unmittelbar persönlichen Eigenschaften wie

---

185 Jungmann, Tanja; Reichenbach, Christina (2011), Bindungstheorie und pädagogisches Handeln, Ein Praxisleitfaden, S. 9.
186 Ebenda, S. 11.
187 Ebenda.
188 Ebenda.

dem Grad der Sensibilität eines Menschen, die sich von der anderer Menschen unterscheidet und vermutlich nur schwer zu beeinflussen ist, sowie den über die pädagogische Einrichtung vermittelten Werten und Verhaltensweisen, die aber von den pädagogischen Fachkräften übernommen werden.

Zu den unmittelbar persönlichen Eigenschaften gehört zunächst, dass die Bindungsperson in der Krippe dem Kind liebevoll zugewandt sein[189] und ihm Sicherheit geben sollte, indem sie verfügbar ist.[190] Diese Eigenschaft ist durch keine andere zu ersetzen und wahrscheinlich auch nicht zu erlernen, und alle anderen müssen als ihr untergeordnet angesehen werden.

Eine Ausdrucksform der liebevollen Zuwendung zum Kind besteht darin, dass sie ihm „hilft durch Trost und Unterstützung … seine negativen Emotionen zu regulieren, Irritationen und Ängste zu überwinden"[191] und dadurch seine *Stressreduktion* unterstützt. Als Folge einer liebevollen Zuwendung zum Kind wird es die Bindungsperson in einer Einrichtung als *Assistenz* akzeptieren und sich auf der Grundlage einer sicheren Bindung zwischen ihnen z.B. mit der Bitte um Hilfestellung an diese Bindungsperson wenden, wenn es eine schwierige Aufgabe nicht alleine lösen kann.[192] Damit ist auch die Möglichkeit der Förderung des Kindes eröffnet, indem es zur Exploration ermutigt wird, was als *Explorationsunterstützung* bezeichnet wird.[193]

Diese fünf Komponenten Zuwendung, Sicherheit, Stressreduktion, Explorationsunterstützung und Assistenz zeigen die unterschiedlichen Funktionen von Bindung.[194]

Auch in der Erzieher/innen-Kind-Beziehung gibt es sicherheitsgebende und stressreduzierende Elemente, aber mit fortschreitender Entwicklung der Kinder nimmt die Förderung der Exploration zu.[195] Außerdem muss berücksichtigt werden, dass in einer Krippe die Bindungsbeziehungen gruppenbezogen sind, anders als die Bindung zwischen Mutter und Kind.[196]

---

189 Jungmann, Tanja; Reichenbach, Christina (2011), Bindungstheorie und pädagogisches Handeln, Ein Praxisleitfaden, S. 37.
190 Ebenda.
191 Ebenda.
192 Ebenda.
193 Ebenda.
194 Leu, Hans Rudolf; Anna von Behr (Hrsg.), 2013, Forschung und Praxis der Frühpädagogik, Profiwissen für die Arbeit mit Kindern von 0–3 Jahren, S. 21.
195 Ebenda.
196 Ebenda.

Im Spannungsverhältnis zwischen liebevoller und fürsorglicher Zuwendung und möglichen pädagogischen Fördermaßnahmen sollten Bezugspersonen *Gelassenheit* gegenüber der Entwicklung des Kindes haben und keinen Druck, keine auf externen Werten, z.B. Vorgaben der weiterführenden Schulen, beruhende Leistungsorientierung zeigen, sondern dem Kind die Zeit geben, die es braucht, um sich zu entwickeln, also ihm mit Ruhe und Gelassenheit begegnen, statt ein Training von Kompetenzen zu betreiben. Das bedeutet nicht, dass hier einer Missachtung des Förderungsgesichtspunktes das Wort geredet wird, sondern gerade die Eigenständigkeit wird als wichtigstes Förderziel angesehen, auf dem alles Folgende aufbaut.

Deshalb sollte die *Stärkung der Selbsttätigkeit und Selbstbestimmtheit* im Vordergrund stehen, d. h. so viel Selbsttätigkeit und Selbstbestimmtheit wie möglich.

Eine genaue, sensible Beobachtung der Signale des Kindes, die wiederum für feinfühlige Reaktionen die Voraussetzung bildet, erfordert aber zunächst die Feinfühligkeit der Bezugsperson, die wiederum auf ihrer Liebe zum Kind beruht. Saint-Exupéry sagt zutreffend: „Man sieht nur mit dem Herzen gut. Das Wesentliche ist für die Augen unsichtbar."[197]

Die Bezugspersonen sollten dem Kind mit Freundlichkeit, Offenheit und auf Augenhöhe begegnen.

4.2.2 Institutionelle und organisatorische Voraussetzungen einer erfolgreichen Krippenbetreuung

Zu den institutionellen und organisatorischen Voraussetzungen einer erfolgreichen Krippenbetreuung gehören der Betreuungsschlüssel, d.h. das Verhältnis der Anzahl von Betreuer/innen zu dem der Kinder, die Organisation des Übergangs von den Erziehungsberechtigten zur Krippe, die Zusammenarbeit mit den Erziehungsberechtigten, die räumlichen Verhältnisse der Krippe und deren Ausstattung, die Zusammenarbeit zwischen den Gruppen in der Krippe und die Frage, wie Ersatz für eine Bezugsperson im Falle ihrer Erkrankung geschaffen wird und natürlich auch neben vielen weiteren Punkten die Frage der Bezahlung und sozialen Absicherung der Betreuer/innen, denn wenn Liebe erbracht wird, kann sie im Gegenzug auch Zeichen der Anerkennung und Dankbarkeit erwarten und nicht nur Almosen als Zeichen einer eigentlichen Missachtung.

---

197 Antoine de Saint-Exupéry: *Der kleine Prinz*. (Kapitel 21)

Im Soho Family Centre, das nach dem „Londoner Modell der bindungsorientierten Tagesbetreuung"[198] arbeitet, sind einige persönliche und organisatorische Voraussetzungen geschaffen worden, um den betreuten Kindern den Aufbau einer optimalen sekundären Bindungsbeziehung zu ermöglichen. Dazu gehören:

1. Ein Personalschlüssel von 1:3
2. Keine Massenabfertigung, sondern insgesamt 7 Gruppen mit je drei Kindern und jeweils einer Betreuerin.
3. Eine personelle Kontinuität in der Betreuung, denn die Betreuerin (selbständig arbeitende Tagesmütter) verpflichtet sich, das Kind über den gesamten Zeitraum zu betreuen, in dem es in der Einrichtung ist, ebenso wie die Eltern sich verpflichten, ihr Kind von dieser Tagesmutter betreuen zu lassen.
4. Vor der Aufnahme des Kindes macht sich die Koordinatorin der Gruppe „ein Bild von der Bindungsdynamik der jeweiligen Familie, bevor dieser ein Platz im Soho Family Centre zugesagt wird, und erarbeitet einen individuellen Betreuungsplan, der sich am Wohl des Kindes und nicht an den Interessen der Eltern ausrichtet."[199]
5. Der Übergang von der primären zur sekundären Bindungsperson wird sehr vorsichtig vollzogen, indem die primäre Bindungsperson in der Regel mehrere Wochen mit zeitlich abnehmender Tendenz in der Gruppe anwesend ist, bis das Kind die Tagesmutter als sekundäre Beziehungsperson akzeptiert hat.[200]
6. Zwei Tagesmüttter arbeiten jeweils enger zusammen, so dass auch die Kinder in diesen Gruppen sich besser kennen. Dadurch ist auch immer eine vertraute Person in der Nähe, wenn die Tagesmutter selbst kurzfristig abwesend ist, z.B. weil sie ein Kind wickelt.[201]
7. Die Gruppen der drei Kinder sind nicht altershomogen, sondern bestehen in der Regel aus einem Kind unter 18 Monaten, einem zwischen 18 Monaten und drei Jahren und einem über drei Jahre alten Kind, „damit die Belastung für die einzelne Tagesmutter nicht zu groß wird."[202]

198 Bowlby, Richard; Das Londoner Modell der bindungsorientierten Tagesbetreuung, in: Brisch, Karl Heinz; Hellbrügge, Theodor Hrsg. (2009) Wege zu sicheren Bindungen in Familie und Gesellschaft. Prävention, Begleitung, Beratung und Psychotherapie, S. 213–224.
199 Ebenda, S. 220.
200 Ebenda, S. 221.
201 Ebenda.
202 Ebenda, S. 220.

8. Die Betreuung eines Kindes kann zeitweilig ausgesetzt werden, wenn sich die sekundäre Bindung zur Tagesmutter zu einer primären entwickelt. Dann muss die primäre Bindung zur Mutter stabilisiert werden.[203]

Diese Punkte können zur Beurteilung von individuellen Krippen wie auch pädagogischen Krippenkonzepten dienen.

Aber auch die Länge der täglichen Betreuungszeit spielt eine Rolle. Da das Kind in einer Einrichtung oft einer viel größeren Reizüberflutung ausgesetzt ist als zuhause, ist es leicht erschöpft, wenn es lange Zeit in der Einrichtung war, so dass es auch unter dem Gesichtspunkt einer sicheren Bindung sowohl zu seinen Eltern als auch zu seinen Erzieherinnen eine Halbtagsbetreuung sinnvoll sein kann, um das Kind nicht zu überfordern.

Die Länge der Betreuungszeit ist andererseits nicht so kritisch zu betrachten, wenn alle anderen oben genannten Voraussetzungen vorliegen.

Entscheidend ist aber, wie der Übergang von der primären Bindungsperson zur Krippe gestaltet wird. Kindertagesstätten haben als gesellschaftliche Institutionen die Aufgabe, den Kindern Bildung zu ermöglichen. Bei verschiedenen Lernerfahrungen, wie auch dem Übergang in die Einrichtung sollte die Selbsttätigkeit der Kinder gestärkt werden und seinem Wachsen auch während der Eingewöhnungsphase mit Gelassenheit seitens der Bezugspersonen begegnet werden. „Bilden können sich Kinder aber nur, wenn nicht nur das »Was« (der Lerninhalt), sondern auch das »Wie« (der Lernprozess) berücksichtigt wird. Wenn das Kind nur satt werden soll, genügt es wahrscheinlich, es zu füttern. Soll das Kind aber lustvoll, genießerisch und selbstbestimmt Essen lernen, dann sind andere Maßnahmen nötig. Wenn das Kind nur schnell angezogen werden soll, damit es möglichst rasch in den Garten kommt, dann reicht es aus, wenn eine Erwachsene es schnell anzieht. Soll es aber lernen, sich selbst anzuziehen, dann braucht es bei den Erwachsenen sehr viel Geduld. Sie haben eine völlig andere Vorstellung von Effizienz als Kinder. Während der Eingewöhnung geht es nicht nur darum, dass das Kind möglichst schnell ohne großen Kummer in der Einrichtung bleibt, sondern dass es lernt, wie man einen Übergang bewältigt."[204]

Es sollte eine langsame, elternbegleitete Eingewöhnung ermöglicht werden. Früher wurden die Kinder am ersten Tag in der Einrichtung einfach abgegeben. Heute wird eine Eingewöhnungsphase von mindestens vier Wochen als

---

203 Ebenda, S. 221.
204 Winner, Anna; Erndt-Doll, Elisabeth (2013) Anfang gut? Alles besser, Ein Modell für die Eingewöhnung in Kinderkrippen und anderen Tageseinrichtungen für Kinder, S. 18.

wesentlich erachtet. Sie sollte elternbegleitet, bezugspersonenorientiert und abschiedsbewusst sein.[205] Elternbegleitet bedeutet, dass die Eltern das Kind in die Einrichtung begleiten und dort seine sichere Basis sind, während das Kind seine Bezugserzieherin (bezugspersonenorientiert) kennen lernen kann.[206] „Abschiedsbewusst heißt, dass es einen klaren Abschied gibt, von dem bald das verinnerlichte Vertrauen auf die Rückkehr der Mutter gehört."[207]

205 Brisch, Karl Heinz; Hellbrügge, Theodor (Hrsg.), 2009, Wege zu sicheren Bindungen in Familie und Gesellschaft, Prävention, Begleitung, Beratung und Psychotherapie, S. 157.
206 Ebenda, S. 157.
207 Ebenda, S. 157.

5. Die Entwicklung von Bindungsfähigkeit in verschiedenen pädagogischen Krippenkonzepten in der jüngeren Vergangenheit und in der Gegenwart

In den Abschnitten 2.1 und 2.2 ist die Entstehung der Kinderkrippe knapp dargestellt worden, wobei die Gründe für das Fehlen pädagogischer Theorie erörtert wurden.

Im Folgenden werden verschiedene Krippenkonzepte vorgestellt und unter dem Aspekt betrachtet, ob und wie in ihnen das Problem der sicheren Bindung berücksichtigt wird.

Die Abschnitte 5.1 und 5.2 befassen sich mit der Bedeutung der Krippen in der ehemaligen DDR und der Bundesrepublik Deutschland vor und nach der Wiedervereinigung.

Die eigentlich pädagogischen Konzepte für die Bildung und Erziehung von Kindern umfassen zwei Gruppen. Zur ersten (5.3–5.7) gehören jene Konzepte, zu deren wesentlicher Eigenschaft ein gewisser Pragmatismus bei der Bildung des Konzepts wie auch bei seiner Verwirklichung gehören und die in der Tendenz eher das Kind in den Mittelpunkt ihrer Überlegungen und ihrer Tätigkeit rücken.

Die zweite Gruppe (5.8–5.10) bilden jene Konzepte, die offensichtlich von programmatischen Vorstellungen ausgehen, denen das Kind entsprechen oder denen es sich anpassen oder denen es als Mittel zum Zweck dienen soll.

Die Übergänge zwischen diesen Gruppen sind aber fließend, entscheidend für die Zuordnung ist, ob das Kind sich einem Bild anpassen soll oder ob die Pädagogik sich nach dem Kind richtet.

Die Darstellung und Diskussion der einzelnen Konzepte wird durch die Vorstellung meist mehrerer Krippen ergänzt, die sich einem Konzept verbunden fühlen und es umzusetzen versuchen. Dadurch werden Aussagen und Bewertungen in der Literatur entweder bestätigt oder korrigiert oder in Frage gestellt.

Die Auswahl dieser Krippen ist insofern zufällig, als sie unter den ersten Treffern einer Google-Suche liegen und außerdem genauere Angaben zu ihrer Tätigkeit anbieten.

5.1 Die Krippe in der DDR

5.1.1 Umfang der Krippenbetreuung von Kindern

Im Jahre 1949 waren 0,8 Prozent[208] der Kinder in Krippenplätzen untergebracht, 1965 schon 18,7 Prozent. Von diesen befanden sich 56,1 Prozent in Tageskrippen, 26,9 Prozent in Wochenkrippen, „11,3 Prozent in Saisonkrippen und 5,8 Prozent in Dauerheimen."

1975 wurden 50,8 Prozent der Kinder unter drei Jahren in Krippen betreut, 1989 lag diese Zahl für Kinder zwischen zwei und drei Jahren bei 80,2 Prozent.

Von den 1989 in Krippen betreuten Kindern befanden sich 97,1 Prozent in Tageskrippen und nur 1,6 bzw. 1,3 Prozent in Wochenkrippen oder Dauerheimen. Damit war „das in Europa einmalige Spezifikum (gegeben), die staatliche institutionelle Fremdbetreuung fast aller null bis dreijährigen Kinder."[209]

5.1.2 Motive ihrer Förderung durch den Staat und Konzeption

Eine weit verbreitete Meinung geht davon aus, dass die Krippen in der DDR zum Teil vorbildliche Arbeit geleistet haben.[210]

Der Ausbau der Krippen in der DDR wurde jedoch zumindest in der Anfangszeit nicht pädagogisch begründet, sondern ergab sich aus dem Bedarf der Volkswirtschaft an Arbeitsplätzen und der Gleichberechtigung der Frau auf Teilhabe am Arbeitsleben.[211] Die Gleichberechtigung von Mann und Frau wurde bereits 1949 in Artikel 7 der ersten Verfassung der DDR festgelegt. Dieses setzte

---

208 Alle folgenden Zahlenund Prozentangaben entstammen: Nentwig-Gesemann, Iris (1999) Krippenerziehung in der DDR. Alltagspraxis und Orientierungen von Erzieherinnen im Wandel, S. 18 ff.

209 Israel, Agathe; Kerz-Rühling, Ingrid Hrsg. (2008) Krippenkinder in der DDR, Frühe Kindheitserfahrungen und ihre Folgen für die Persönlichkeitsentwicklung und Gesundheit, S. 9.

210 Auf eine recht naive und nostalgisch orientierte Weise: Weinberg, Anja; Töpfer, Gesine 2006 Kinderkrippe und Kindergarten. Bildung und Erziehung in der ehemaligen DDR (Diplomarbeit), S. 175 „Da der Staat das Bildungsund Erziehungsprogramm in den Kinderkrippen und Kindergärten akribisch festlegte, gab es dem Menschen, ob er es wollte oder nicht, eine strenge Ordnung, ein definiertes Ziel und damit eine zukunftsorientierte Perspektive. Genau diese Perspektiven auf einen selbstverständlichen Krippen- und Kindergartenplatz und die familienorientierte finanzielle Unterstützung und Förderung fehlen den Menschen heutzutage."

211 Reyer, Jürgen; Kleine, Heidrun; Die Kinderkrippe in Deutschland, Sozialgeschichte einer umstrittenen Einrichtung (Lambertus), 1997, S. 118.

voraus, dass Einrichtungen für Kinder geschaffen wurden, damit „die Frau ihre Aufgabe als Bürgerin und Schaffende mit ihren Pflichten als Frau und Mutter vereinbaren kann."[212]

Den Krippen in der DDR fehlte zunächst ein pädagogisches Konzept, auch ein Konzept im Hinblick auf die Entstehung sicherer Bindungen ist nicht ersichtlich. Es ging hauptsächlich darum, der Wirtschaft möglichst viele Arbeitskräfte zur Verfügung zu stellen. Die Frauen wurden durch das Versprechen der Gleichberechtigung motiviert, ihre Rolle als Hausfrauen aufzugeben und in den Arbeitsprozess der Wirtschaft einzutreten.

„Die Entwicklung der Krippe in der DDR ist der Weg von einer Aufbewahrungs- und Pflegestätte für Notfälle zu einer planpädagogischen Einheitskrippe für Mehrheiten von Kleinstkindern."[213] Die Krippen unterstanden dem Ministerium für Gesundheitswesen. Das Pflegepersonal wurde an medizinischen Fachschulen ausgebildet. „Krippenforschung war sozialhygienische Forschung, sie lag fest in der Hand von Mediziner/innen."[214]

Eine Untersuchung (1957–1960) über die Auswirkungen der Krippenerziehung führte zu dem Ergebnis, dass „die Krippenkinder im Durchschnitt am Ende des dritten Lebensjahres fünf Monate Entwicklungsrückstand gegenüber den in der Familie sozialisierten Kindern aufwiesen."[215]

Doch erst in den 70er Jahren wurde einer Zusammenarbeit zwischen Krippe und Elternhaus ein immer größerer Wert beigemessen. Dennoch:

„Die Institution ,Krippe' stand als pädagogisches Leitsystem im Vordergrund, das mit der Familie meist nur lose Kontakte pflegte, aber nicht im eigentlichen Sinne mit ihr kooperierte. Die staatlich sanktionierten ,Experten' für Kleinkindererziehung hatten das Sagen; die Eltern galten als vergleichsweise naiv und inkompetent. Das bedeutet: Das ,Mesosystem' Familie Krippe ... war als geschlossenes Ganzes nicht existent und als Bedingungs - und Wirkungseinheit von Betreuung und Erziehung nicht vorgesehen."[216]

Man kann jedoch die programmatischen Grundsätze zur Krippenerziehung in der DDR nicht gleichsetzen mit der Krippenpraxis, „weil viele Erzieherinnen

---

212 Israel, Agathe; Kerz-Rühling, Ingrid Hrsg. (2008) Krippenkinder in der DDR, Frühe Kindheitserfahrungen und ihre Folgen für die Persönlichkeitsentwicklung und Gesundheit, Seite 15.
213 Ebenda, S. 135.
214 Ebenda, S. 136.
215 Nentwig-Gesemann, Iris (1999), S. 18.
216 Schmidt 1992, S. 152; Reyer, Jürgen; Kleine, Heidrun; Die Kinderkrippe in Deutschland, Sozialgeschichte einer umstrittenen Einrichtung (Lambertus), 1997, S. 143.

„gesunden Menschenverstand, pädagogische Intuition und mütterliche ‚Instink-
te' wirksam werden (ließen) und allein dadurch manche fragwürdigen staatlichen Empfehlungen außer Kraft gesetzt" haben."[217]
Erst seit 1985 entstand ein für alle Krippen einheitliches Konzept, also erst
nach zwanzig Jahren Entwicklungsarbeit in diesem Bereich.[218]

5.1.3 Das Bild vom Kind und die Ausrichtung der Erziehung auf staatliche Ziele

Eine schablonenhafte Vorstellung bestimmte das Bild vom Kind und seiner Entwicklung. Es wurde gegenüber dem Erwachsenen als defizitär angesehen, als un-
fertiger Erwachsener,[219] womit die Auffassung verbunden war, dass es als „tabula
rasa" grenzenlos formbar ist und durch die Erzieher an die Außenbedingungen
angepasst werden kann.[220]

Zu diesen Bedingungen gehörten die Normen der sozialistischen Gesellschaft,[221]
die in §3 Abs. 1 des 1965 verabschiedeten „Familiengesetzbuchs" (FGB) das Erziehungsziel in der DDR formulieren: „Es ist die vornehmste Aufgabe, der Eltern, ihre
Kinder in vertrauensvollem Zusammenwirken mit staatlichen und gesellschaftlichen Einrichtungen zu gesunden, lebensfrohen, tüchtigen und allseitig gebildeten
Menschen, zu aktiven Erbauern des Sozialismus zu erziehen."

Diese rechtliche Leitlinie bestimmte auch weitgehend die Praxis der Erziehung in den Krippen der DDR, obwohl es „unter Lehrern. Erziehern. wissenschaftlich tätigen Pädagogen und Eltern durchaus findige Geister (gab) die sich
über verschiedene Kanäle mit »westlichen« Konzepten. wie z.B. der Montessoripädagogik oder Gordons Familienkonferenz u. ä. befassten. Aber diejenigen,
die innerhalb ihrer Familie einen privaten Raum für Bindung und individuelle
Entwicklung ihrer Kinder schufen, hatten es oft nicht leicht, ihre Haltung gegenüber der Außenwelt zu vertreten, gerieten in den Ruf »bürgerlich-individualisti-
sche Abweichler« zu sein. Das ist u.a. darauf zurückzuführen, dass man sich von

---

217 Schmidt, Hans-Dieter (1992) Frühe Kindheit in der ehemaligen DDR im Spannungsfeld Familie Krippe, in: Psychologie in Erziehung und Unterricht, 39. J. 1992
S. 149–155, S. 153.

218 Reyer, Jürgen; Kleine, Heidrun; Die Kinderkrippe in Deutschland, Sozialgeschichte
einer umstrittenen Einrichtung (Lambertus), 1997, S. 148.

219 Israel, Agathe; Kerz-Rühling, 2008; Krippenkinder in der DDR, Frühe Kindheitserfahrungen und ihre Folgen für die Persönlichkeitsentwicklung und Gesundheit,
S. 13.

220 Ebenda.

221 Ebenda.

reformpädagogischen Ideen, die sich auf eine »Erziehung vom Kinde und seiner Individualität her« gründeten. bereits Anfang der 1950er Jahre abgewandt hatte. Man brach mit der Tradition der Reformpädagogik vor 1933."[222]

Die Interessen des Kindes wurden mit den Interessen der Gesellschaft grundsätzlich in Übereinstimmung gesehen. Dadurch „musste all das, was ein Kind als selbsttätiges, unauswechselbares und emotionales Wesen mit Eigensinn ausmacht, als rein subjektiver Faktor und das heißt prinzipiell als Störfaktor gelten."[223] Es wird zwar anerkannt, dass das Kind eine einzigartige Individualität besitze.[224] „Aber diese Individualität, dieses „individuelle Bewußtsein" ist ja letztlich nichts anderes als die „Interiorisierung" (Verinnerlichung) „gesellschaftlichen Bewusstseins.[225]"

„Noch Anfang der 1990er Jahre begegnete ich in einer Kindertagesstätte, die mit ehemaligen DDR-Erzieherinnen arbeitete, dieser Einstellung: Ein Kleinstkind, das die ersten Tage alleine in der Krippe verbrachte, lag während meines einstündigen Besuchs ununterbrochen schreiend unter einer Bank, ohne dass sich eine der drei Erzieherinnen, die im Gespräch an einem Tisch saßen, regte. Meine Frage, welche pädagogische Absicht damit verbunden sei, wurde mit Erstaunen aufgenommen. Man dürfe das Kind nicht verwöhnen, war die einhellige Meinung. Das erscheint uns im Nachhinein besonders schmerzlich, da Trennungsängste durchaus abgemildert werden können. wenn ein Erwachsener einfühlend darauf eingeht."[226]

Eingewöhnung in die Krippen bezog sich auf die ersten Wochen des Krippenaufenthalts.

Das Erziehungsprogramm sah es vor, dass sich die Erzieherin nach Eigenheiten des Kindes erkundigen sollte und sie hatte die Aufgabe „negative" Gewohnheiten des Kindes im Laufe der ersten 2–3 Wochen „zum Positiven" zu verändern.[227]

„Unsicher gebundene und sehr früh getrennte Kinder reagierten scheinbar kaum auf die Trennung und den Wechsel in die Kinderkrippe, was Mütter als Ergebnis ihrer konsequenten Erziehung ansahen und mit viel Stolz erzählten.

---

222 Ebenda, S. 14.
223 Reyer, Jürgen; Kleine, Heidrun; Die Kinderkrippe in Deutschland, Sozialgeschichte einer umstrittenen Einrichtung (Lambertus), 1997, S. 145.
224 Ebenda, S. 146.
225 Ebenda, S. 146.
226 Israel, Agathe; Kerz-Rühling, 2008; Krippenkinder in der DDR, Frühe Kindheitserfahrungen und ihre Folgen für die Persönlichkeitsentwicklung und Gesundheit, S, S. 21.
227 Ebenda, S. 20.

Diese »pflegeleichten« Kinder waren deshalb relativ beliebt, wenngleich ihr Entwicklungstempo oft langsamer verlief."[228] Es gab viele Kinder, die mit psychischen Auffälligkeiten wie Appetitlosigkeit, Schlafstörungen, Ängstlichkeit oder Spielunlust reagierten.[229]

5.1.4 Relevanz der Eingewöhnung

Spätestens, seit dem das Gesetz vom 25. Februar 1965 über das einheitliche sozialistische Bildungssystem in Kraft trat, stand nicht mehr nur die hygienische Gestaltung der Krippen im Vordergrund, sondern es rückten auch immer mehr methodische und didaktische Fragen in den Vordergrund und die Frage, was und wie die Kinder lernen sollten.[230]

Dem Problem der Eingewöhnung von Kindern in Krippen wurde mehr Raum eingeräumt und von den ErzieherInnen in Krippen Aufmerksamkeit und Sorgfalt während der Eingewöhnungsphase verlangt, in welcher neue Kinder aufgenommen wurden, Die Krippeneerzieherin sollte in Absprache mit der Leiterin und den Eltern eine zunächst stundenweise und gestaffelte Eingewöhnung ermöglichen.[231]

Nach 1985 wurde dem Kind eine stundenweise gestaffelte Aufnahme an seinen ersten Tagen in der Krippe eingeräumt. Aber den Eltern wurde eine Anwesenheit während dieser Eingewöhnung aus hygienischen Gründen untersagt.[232]

Dadurch fehlten den Kindern gerade ihre Eltern, die ihnen als Sicherheitsbasis dienen und sie mit dem nötigen Mut ausstatten, um die Umwelt zu explorieren.

Deshalb kann man sich vorstellen, dass auch Kinder, die eigentlich eine sichere Bindung zu ihren Eltern hätten, durch diese plötzliche Trennungssituation in ihrer Bindungssituation beeinträchtigt wurden. „Meist wurde das Kind in seinem Schmerz oder Rückzug alleingelassen. Statt es zu umwerben, statt individueller Bestätigung und Verständigung im Dialog wurde das Kind sich selbst überlassen oder ausgeschimpft."[233]

---

228   Ebenda, S. 20.
229   Ebenda, S. 20.
230   Reyer, Jürgen; Kleine, Heidrun; Die Kinderkrippe in Deutschland, Sozialgeschichte einer umstrittenen Einrichtung (Lambertus), 1997, S. 135.
231   Ebenda, S. 151.
232   Israel, Agathe; Kerz-Rühling, Ingrid (Hrsg.), 2008, Krippenkinder in der DDR, Frühe Kindheitserfahrungen und ihre Folgen für die Persönlichkeitsentwicklung und Gesundheit, S. 21.
233   Israel, Agathe; Kerz-Rühling, 2008; Krippenkinder in der DDR, Frühe Kindheitserfahrungen und ihre Folgen für die Persönlichkeitsentwicklung und Gesundheit, S, S. 21.

5.1.5 Betreuungszeit und Betreuungsschlüssel

Die Betreuungszeit betrug oft zwischen neun und zehn Stunden pro Tag.[234]

Vorgesehen war ein Betreungsschlüssel von etwa 8 bis 10 Kindern und zwei Erzieherinnen, faktisch waren es jedoch meist 20 und mehr Kleinkinder und zwei Erzieherinnen.[235]

Eine Erzieherin sagt: „Obwohl ich als Absolventin noch so jung und unerfahren war, musste ich manchmal bis zu 34 Kinder und das waren Säuglinge und und Kleinstkinder alleine betreuen. Das hing mit dem Personalmangel und den langen Öffnungszeiten zusammen."[236]

Eine andere Erzieherin sagt: „Wir mussten den Brei regelrecht reinstopfen, denn alle hatten gleichzeitig Hunger."[237]

Die Krippen hatten seit 1976 von 6.00 bis 19.00 geöffnet.[238] Zwar wurde dieser Zeitraum von den Eltern nicht voll ausgenutzt, trotzdem war die Zeit, in der die Mütter ihre Kinder nicht sahen, für viele Mütter und ihre Kinder zu lang[239]:

„Emotionale Stresssituationen belasteten das Zusammensein der Mütter und Kinder am Morgen und am Abend. „Wer hat damals gezählt, wieviele Kleinkinder frühmorgens zwischen 6 und 7 auf die hektische Situation des Übergebenwerdens an die ‚Krippentante' mit Weinen reagiert haben und wieviele Mütter danach, auf dem Gang zur Arbeit, das gleiche taten?"[240]

5.1.6 Auf ein Training von Kompetenzen ausgerichtet

Die Krippen in der DDR waren auf ein Training von Kompetenzen ausgerichtet. Die Krippenerzieherin zeigte den Kindern z.B., wie es seine Puppe pflegen soll und das Kind wurde zur Nachahmung angehalten. Die gewünschten Kompetenzen waren in einer Liste enthalten, die das Kind abarbeiten sollte. Auf einem Merkblatt wurde festgehalten, ob die Kinder das Wochenziel erreicht hatten.[241]

---

234 Ebenda, S. 21.
235 Ebenda, S. 22.
236 Ebenda, S. 23.
237 Ebenda.
238 Schmidt 1992, S. 152; Reyer, Jürgen; Kleine, Heidrun; Die Kinderkrippe in Deutschland, Sozialgeschichte einer umstrittenen Einrichtung (Lambertus), 1997, S. 133.
239 Ebenda.
240 Ebenda.
241 Israel, Agathe; Kerz-Rühling, Ingrid (Hrsg.), 2008, Krippenkinder in der DDR, Frühe Kindheitserfahrungen und ihre Folgen für die Persönlichkeitsentwicklung und Gesundheit, S. 19.

Alle Kinder mussten alle Übungen absolvieren.[242] „Die Erzieherinnen sollten ihre immer wieder hervorgehobene „führende Rolle" zur Lenkung und Förderung der Kinder nutzen, was mit einem kontrollierenden, auf Ursache-Wirkung bezogenen Erziehungsstil und einer Festschreibung des Kindes als Objekt pädagogischer Bemühungen verbunden war.[243]

Damit wurde selbst das Spiel der Kinder „auf eine zielgerichtete und geführte Tätigkeit reduziert, mit der die Entwicklung des Kindes gesteuert werden sollte.[244]

Auch hinsichtlich der sog. „Beschäftigungen", an welchen alle Kinder teilnehmen mussten, war alles genau festgelegt und die Vorgaben der Erzieherin mussten befolgt werden.[245]

Das individuelle Lerntempo war dem Tempo der Gruppe untergeordnet. Es musste zum Beispiel geübt werden: „Grundfarben benennen, Schleife binden, Knöpfe schließen, Messer und Gabel führen.["246]

Kinder, die dies noch nicht konnten, wurden schnell als zurückgeblieben eingestuft.[247]

Im Erziehungsprogramm heißt es unter dem Punkt: Aufgabenfolge 1: Spiel des Säuglings-gegenständliches Spiel (ab 4. Monat), Nr. 9. Spiel am Tisch[248]: „Drei Säuglinge sitzen am Füttertisch, die Pflegerin sitzt dabei und bringt mechanisches Spielzeug, Ziehtier, Auto, kleinen Brummkreisel in Bewegung.

Benennen der Spielgegenstände: Sie benennt z.B. das Auto: tutut und fährt das Auto auf dem Tisch von Kind zu Kind.

Bemerkung: Nur jeweils einen Gegenstand verwenden.

Lautnachahmung anregen: Die Pflegerin bringt den Kreisel in Bewegung, Dabei summt sie mit, indem sie das Kind ansieht und ihre Lippen fest zusammendrückt.

Anleitung zum Mitspielen: Pflegerin rollt den Ball über den Tisch und sagt: Petra, jetzt kommt der Ball.

Erzeugung von Freude: Pflegerin stellt einige Klapperwürfel übereinander und wirft sie um.

---

242 Ebenda.
243 Weegemann, Waltraud; Kammerlander, Carola (Hrsg.), Die Jüngsten in der Kita. Ein Handbuch zur Krippenpädagogik (2010), S. 30.
244 Ebenda, S. 31.
245 Ebenda, S. 31.
246 Israel, Agathe; Kerz-Rühling, Ingrid (Hrsg.), 2008, Krippenkinder in der DDR, Frühe Kindheitserfahrungen und ihre Folgen für die Persönlichkeitsentwicklung und Gesundheit, S. 23.
247 Ebenda.
248 Ebenda, S. 25.

Bemerkung: Dieses Spiel wird mit freudigen Ausrufen, Singen und Ansprechechen des Kindes begleitet."[249]

Selbst beim Spiel wird dem Kind also kein Freiraum für eigene Gestaltung gelassen.

Es handelt sich vielmehr um Übungen, die absolviert werden müssen. „Neugier, Mitgefühl, Phantasie und Spiel wurden „entwickelt" und „gelenkt" und vorgemacht unter der führenden Rolle der Erzieherin."[250]

Dementsprechend heißt es in dem Erziehungsprogramm auch: „Die Erzieherin beachtet, nutzt, führt, lenkt, richtet, hilft, fordert, weckt, sichert, sorgt, hält, organisiert, präzisiert, motiviert (…) und schließlich „sie befähigt". Alle Aktivität wird der Erzieherin aufgenötigt, das Kind wird zum Objekt von „Befähigungsbemühungen", deren Erfolg überprüft wurde. Nicht verwunderlich ist es deshalb, dass die Bedeutung der Frühtrennung und die damit verbundenen Ängste und der Stress nur begrenzt erfasst und akzeptiert wurden."[251]

Besonders betont wurde das Erziehungsziel der Selbständigkeit. Gemeint waren damit aber nicht Eigenverantwortung und Selbstbestimmung, sondern die möglichst frühe Unabhängigkeit der Kinder in alltäglichen Aufgaben von den Erwachsenen.[252]

Im Rahmen einer Sauberkeitserziehung sollten die Kinder z.B. bereits ab dem 9. Monat auf den Topf gesetzt werden, „sobald sie in der Lage waren, frei zu sitzen."[253]

Im September 1990 besuchte Patricia Szogas „die damals noch existierende DDR, um Kinderkrippen zu besichtigen."[254] Über ihre Beobachtungen in einer Krippe auf dem Land schreibt sie: „Insgesamt machte die Krippe einen familiären Eindruck. Die Leiterin betonte auch immer wieder, daß sie eigentlich eine große Familie seien und im Dorf sowieso „jeder jeden kennt". Ich hielt mich bei den Einjährigen auf, weil mich die Reaktion der Kinder auf die Trennung von der Mutter und auf die neue Umgebung interessierte. Drei der fünf Kinder waren sehr verzweifelt und weinten den ganzen Tag bis auf wenige Unterbrechungen, z.B. wenn sie vor Erschöpfung einschliefen, gefüttert wurden oder kurz

---

249   Ebenda, S. 25.

250   Ebenda, S. 19, 20.

251   Ebenda, S. 20.

252   Weegemann, Waltraud; Kammerlander, Carola (Hrsg.), Die Jüngsten in der Kita. Ein Handbuch zur Krippenpädagogik (2010), S. 31.

253   Nentwig-Gesemann, Iris (1999), S. 19.

254   Szogas, Patricia; Bericht über Besuche in Kinderkrippen in der ehemaligen DDR. in: Nyssen, Friedhelm Hrsg. (1991) Zur Diskussion über die Kinderkrippe, S. 139 ff.

abgelenkt wurden. Wenn wir, die Erzieherin oder ich, uns intensiv den einzelnen Kindern zugewendet haben, indem wir sie auf den Arm nahmen und sie trösteten, ließen sie sich kurz beruhigen. Allerdings hatte ich den Eindruck, daß die Erzieherin wenig auf individuelle Bedürfnisse einging, sondern ihre Gruppe „durch den Tag organisierte". Ich empfand es z.b. als sehr bewegend, wenn die Kleinen immer wieder weinend zur Tür liefen und hinaus wollten, was der Erzieherin nichts auszumachen schien. Bei unserem Gespräch berichtete sie dann, daß erfahrungsgemäß die Kinder nach einigen Wochen an die Krippe gewöhnt seien und Interesse an anderen Kindern zeigten."

An diesem Beispiel wird überdeutlich, dass den Kindern eine liebevolle und einfühlsame Zuwendung fehlte und dass sie ausschließlich als Objekte gesehen wurden.

5.1.7 Folgen der Krippenbetreuung für die Kinder und Schlussfolgerungen für die Bindungsforschung

Israel u.a. (2008) haben in Interviews die Erfahrungen ehemaliger Krippenkinder erfragt und die Aussagen über gesundheitliches Befinden in verschiedenen Lebensphasen systematisiert und ausgewertet. Ohne den Anspruch einer „stringenten Beweisführung" sollten die Ergebnisse „eher als Orientierung und Anregung für weitere Untersuchungen"[255] gelten.

Sie gingen „zunächst von Erkenntnissen der Forschung aus, dass frühe Trennung und Fremdbetreuung sehr kleiner Kinder mit Stresserfahrungen verbunden sein kann", woraus – übertragen auf die Situation der Krippen in der DDR – die Annahme abgeleitet wurde, dass sich im Interviewmaterial „schon im Krippen- und Kindergartenalter der Interviewten gehäufte oder gravierende gesundheitliche Störungen zeigen und diese auch im weiteren Verlauf der Entwicklung als Schulkinder und Jugendliche körperliche und psychische Auffälligkeiten aufweisen" mussten. Tatsächlich ergaben sich sehr starke Hinweise auf einen Zusammenhang zwischen dem Verlust (dem Fehlen) ausreichender Bindungen zu erwachsenen Personen in der frühen Kindheit und schweren kognitiven, psychischen und gesundheitlichen Problemen im damaligen Alltag der Krippenkinder und im weiteren Verlauf ihres Lebens. Als gravierendstes Problem kann dabei die

---

255 Vogelsänger, Peter; Wie wirken sich frühe Trennungserfahrungen auf die körperliche und psychische Gesundheit aus? in: Israel, Agathe; Kerz-Rühling, Ingrid (Hrsg.), 2008, S. 217 ff.

Einschränkung der „reflexiven Funktionen[256]" bei den Kindern betrachtet werden, die ab 1974 den Erziehungsprogrammen ausgesetzt waren, die die Beziehung der Kleinkinder zu Erwachsenen drastisch reduzierten zugunsten von Beziehungen zu Gleichaltrigen. Unabhängig vom Zeitpunkt ihres Eintritts in die Krippe stellen sie die Gruppe der am schwersten Geschädigten dar, was vermutlich mit dem Fehlen von erwachsenen Bindungspersonen zusammenhängt. Die Forschergruppe um Agathe Israel hat die Grupe der Interviewten (20) entsprechend ihrer Einschränkung der reflexiven Funktionen in drei Untergruppen aufgeteilt, wobei diejenigen mit „niedriger reflexiver[257]" (11) und diejenigen mit „mäßig reflexiver Funktion" (7) die Mehrheit bildeten, während nur bei zwei ehemaligen Krippenkindern eine „gute reflexive Funktion" angenommen wurde. Aus den Beobachtungen von Israel u.a. (2008) geht im Grunde hervor, dass die Fähigkeit zu reflexiver Funktion und ihre Abstufungen bei den Interviewten in einem direkten Verhältnis zur Missachtung ihrer kindlichen Persönlichkeiten durch die staatlich forcierten Krippenprogramme und die Trennung von ihren unmittelbaren Bezugspersonen steht. Der Grad der reflexiven Funktion bezieht sich jedoch nicht nur auf die unmittelbar betroffenen Personen, sondern wird über die Elternrolle der Betroffenen in die nächste Generation weitergegeben, da sie es auf Grund ihrer niedrigen sozialen Kompetenz an „Toleranz, Förderung der Autonomie und (der) Berücksichtigung kindlicher Bedürfnisse und Eigenheiten[258]" mangeln lassen. Dazu trägt auch ein geringes Selbstwertgefühl bei, das bei denjenigen, „die im ersten Lebenshalbjahr in die Krippe kamen, … häufig mit einer niedrigen reflexiven Funktion einherging."[259]

Zusammenfassend erbrachten die Interviews, dass das Eintrittsalter in die Krippe nicht mit einer niedrigen reflexiven Funktion korrespondiert, diese kann aber „durch eine frühe Krippenbetreuung dann beeinträchtigt werden, wenn keine feinfühligen Bindungsbeziehungen seitens der Eltern oder Erzieher bestehen."[260] Um eine Lehre aus den negativen Entwicklungen in der ehemaligen DDR zu

---

256   Israel, Agathe; Familiäre und institutionelle Einflüsse auf die Selbstentwicklung, in: Israel, Agathe; Kerz-Rühling, Ingrid (Hrsg.), 2008, S. 194.

257   Ebenda, S. 196: „Der Inteniewte äußert sich weder spontan noch auf Nachfragen über mentales Befinden. Er schildert – bezogen auf alle obengenannten Themenkreise äußere Ereignisse. Verhalten. Sinneseindrücke oder körperliches Befinden. *ohne* einen Zusammenhang zu innerem Erleben herzustellen oder sich darum zu bemühen. Prototypische Einstellung: »Das war ist eben so. Mehr gibt es nicht zu sagen.«"

258   Ebenda, Seite 210.

259   Ebenda, S. 211.

260   Ebenda, S. 213.

ziehen, müssten ein „hohe(r) Betreuerschlüssel sowie die persönliche Eignung, Sensitivität und pädagogische Bildung der Betreuerinnen"[261] im Vordergrund der Diskussion um die Krippe stehen, fordern die Verfasser der Studie. Die Studie brachte auch starke Hinweise darauf, dass das Fehlen feinfühliger Bindungsbeziehungen bei einer frühen Krippenbetreuung in Verbindung mit zusätzlichen „belastenden äußeren Lebensumständen"[262] die Entfaltung der reflexiven Funktion beeinträchtigt, die wiederum die Einfühlsamkeit gegenüber eigenen Kindern regelt.

Geringes Selbstwertgefühl und geringe reflexive Funktionen stehen auch in einem direkten Zusammenhang mit physischen und psychischen Erkrankungen.[263] Ständige, z.T. schwere körperliche Erkrankungen begleiten eine Mehrheit in dieser Gruppe vom Krippenalter über den Kindergarten und die Schulzeit bis in die Adoleszenz und direkt bis in die Gegenwart. Diese Aussage gilt auch für das Auftreten von psychosomatischen und psychischen Problemen. Vogelsang selbst fast die Ergebnisse so zusammen, dass sie „eine höhere gesundheitliche Belastung für die Kinder zu belegen scheinen, die bereits vor dem sechsten Lebensmonat in eine Krippe aufgenommen wurden, vor allem auch den Schluss zu(lassen), dass gerade sehr kleine Kinder bei temporärem Verlust der primären Bezugsperson und Konfrontation mit einer zumindestens damals auch häufig wechselnden Fremdbetreuung einer hohen Stressbelastung und einem höherem Risiko in Bezug auf die weitere gesundheitliche Entwicklung ausgesetzt werden. Unsere Ergebnisse verweisen auch darauf, dass die Betreuung in der Wochenkrippe wie auch eine besondere familiäre Belastung die bereits mit der frühen Krippenaufnahme verbundenen Schwierigkeiten noch nachhaltig verstärken konnten und möglicherweise als zusätzliche oder auch als eigenständige Faktoren zu den beschriebenen gesundheitlichen Störungen beitrugen. Auch unsere in einer sehr kleinen Gruppe von 20 Interviewpartnern gewonnenen Daten legen die Schlussfolgerung nahe, dass ein von uns als »einfühlsam«, zumindestens aber als »nicht ablehnend« beschriebener Umgang mit dem Kind positive Auswirkungen auf dessen gesundheitliche Entwicklung haben kann."[264]

Friedhelm Nyssen[265] hat 1991, als die Auflösung der DDR zur Tatsache geworden und in Verbindung damit die Krippenfrage weithin diskutiert wurde, den

---

261 Ebenda.
262 Vgl. ebenda, S. 214.
263 Vgl. dazu: Vogelsänger, Peter; in: Israel, Agathe; Kerz-Rühling, Ingrid (Hrsg.), 2008, S. 217 ff.
264 Ebenda, S. 231.
265 Nyssen, Friedhelm Hrsg. (1991).

Erklärungsansatz für die Frage der Bindung noch weiter gespannt. Er sieht eine Generationen übergreifende Folge von Eltern-Kind-Beziehungen, die sich als „Verhaltenssysteme von Fürsorge und Bindung historisch aktualisiert haben,"[266] in denen sich „allmählich Empathie für die kindlichen Bedürfnisse und für die Entwicklung des Kindes herausbilden konnte."[267] Diesen Wandel sieht er über eine „zweite Angstbearbeitung" der Eltern wirksam, die bei ihren Kindern eigene Erlebnisse aus ihrer Kindheit „bearbeiten", was zu einer historisch nur allmählich (sich) herausbildenden positiven psychologischen Elternschaft"[268] führen könnte.

In der DDR haben aber die kleinen Kinder durch die staatlich geförderte Ignoranz gegenüber der Frage sicherer Bindungen in den Krippen und durch den Zeitmangel der betroffenen Mütter und Eltern große psychische Entbehrungen erlitten, die sich in Einschränkungen der reflexiven Funktionen und geringem Selbstwertgefühl ausdrücken. Davon dürfte auch die „zweite Angstbearbeitung" betroffen sein, so dass man von einem Rückschlag hinsichtlich einer positiven Aktualisierung in der Generationen übergreifenden Folge von Eltern-Kind-Beziehungen ausgehen kann.

5.2 Motive der Krippenentwicklung von der Mitte des 20. Jahrhunderts bis zum Beginn des 21. Jahrhunderts in der BRD und die Frage der Bindung

„Deutschlands Mütter wollen früher und mehr arbeiten" überschreibt die „Welt" einen Bericht[269] vom 20.04.2014 über ein Dossier des Bundesfamilienministeriums „das der Welt am Sonntag" exklusiv" vorlag. Danach „arbeiten 41 Prozent der Mütter mit Kindern zwischen ein und zwei Jahren bereits wieder, und schon 54 Prozent der Mütter mit Kindern im Alter zwischen zwei und drei Jahren sind wieder berufstätig. Da zeichnet sich ein Trend ab: 2006 lagen die entsprechenden Anteile noch acht, beziehungsweise zwölf Prozentpunkte niedriger." Dafür erhielten die jungen Mütter ein Lob von der Bundesfamilienministerin, die sie als Trendsetterinnen bezeichnete: „Sie erobern sich den Arbeitsmarkt zurück.

---

266 Ebenda, S. 77.
267 Ebenda, S. 74.
268 Ebenda, S. 73.
269 http://www.welt.de/print/wams/politik/article127124690/Deutschlands-Muetter-wollen-mehr.html.

Das ist gut für ihren beruflichen Erfolg, für die Chancen auf gleichen Lohn für gleiche Arbeit und für das Einkommen der ganzen Familie."[270]

Im Zusammenhang dieser Arbeit kann die Frage nach den Gründen der zunehmenden Frauenarbeit nicht thematisiert werden, ebenso wenig wie die Veränderungen in den sozialen Formen des Zusammenlebens der Familie, der modernen Lebensgemeinschaften und der allein Erziehenden. Als Folge kann nur festgehalten werden, dass eine erhöhte Berufstätigkeit von Frauen zwangsläufig Lösungen für die Betreuung der Kleinstkinder erfordert.

In der Anfangszeit der Bundesrepublik stand dagegen die Förderung der traditionellen Familie im Vordergrund, in der überwiegend nur der Mann arbeitete und die Familie finanziell unterhielt. Bis 1960 verlangte eine Berufstätigkeit der Ehefrau die Zustimmung ihres Mannes.[271]

Entsprechend dem Leitbild dieser Versorger-Ehe war der „spezielle Ehe- und Familienschutzartikel ins Grundgesetz" aufgenommen worden, und „wurde 1954 das Kindergeldgesetz beschlossen und 1958 das Gesetz zum Ehegattensplitting."[272]

Durch das Kindergeldgesetz wurde die Rolle der Frau als Hausfrau und Mutter gefördert, da es einen Anreiz für Geburten und die Betreuung der Kinder im Familienrahmen darstellte. Das sogenannte Ehegattensplitting diente ebenfalls diesem Zweck, da es die Steuerlast des Hauptverdieners markant verringerte und damit auch den Anreiz zur Berufstätigkeit der verheirateten Frau. „Der erste Familienminister nach dem Krieg von der CDU, Franz-Josef Würmeling, ein fünffacher Familienvater, repräsentierte das patriarchalische Modell in Perfektion. Er äußerte sich laufend abfällig über weibliche Berufstätigkeit und setzte großzügige Vergünstigungen für Familien durch. So gab es etwa bei Bahnfahrten den berühmten „Würmeling-Pass" für die ganze Familie."[273]

Im Gegensatz zur DDR wurden in der BRD Krippenplätzen nur sehr eingeschränkt zur Verfügung gestellt und nur in Ausnahmefällen angeboten. In BMJFG 1973, S. 34 heißt es:

„Kinder bis zum vollendeten 3. Lebensjahr haben nur dann einen Anspruch auf Hilfe zur Pflege und Erziehung in Tageseinrichtungen, wenn durch den Ausfall der Pflege und Erziehung durch die Mutter oder die Familie ein Erziehungsnotstand droht, der auf andere Weise durch dritte Personen nicht behoben werden kann. Ein drohender Erziehungsnotstand ist insbesondere dann anzunehmen,

---

270 Ebenda.
271 Schreyögg, Astrid (2013) Familie trotz Doppelkarriere. Vom Dual Career zum Dual Care Couple, S. 57.
272 Ebenda.
273 Ebenda.

wenn die Mutter zeitweilig aus gesundheitlichen Gründen außerstande ist, selbst für das Kind zu sorgen."

Das Krippenangebot in der BRD war zu der Zeit somit im Wesentlichen eine Aufbewahrungsstätte für den Notfall. Primär wurde die Familie als zuständig für die Betreuung ihrer unter dreijährigen Kinder angesehen.

„Zwischen Kriegsende und Wiedervereinigung" bildete die Erziehung in Kinderkrippen mit Ausnahme von West Berlin eine seltene Erscheinung.[274] Mitte der 1970er Jahre hatten Krippen die Bedeutung eines Notangebotes und konnten nur dann in Anspruch genommen werden, wenn es den Familien nicht möglich war, ihre Kinder angemessen zu betreuen.[275]

„Über den gesamten Zeitraum ihres Bestehens blieb das sozialpädagogische Doppelmotiv der Krippenveranstalter (öffentliche und private Träger, Familie- und Sozialpolitik) im traditionellen Bewertungsrahmen, hatte also die alten Vorzeichen: Erwerbsbeteiligung von Müttern kleiner Kinder und die Betreuung ihrer Kinder in Krippen nur im Notfall. Die Betreuung der Kleinstkinder erwerbstätiger Mütter blieb weitgehend der privaten Organisation überlassen. Dem entsprach, dass die rechnerische Betreuungsquote in Krippen nie über 1,6 Prozent hinaus kam."[276]

Weder die konservativen Regierungen noch die SPD haben an dieser grundsätzlichen Ausrichtung der Familienpolitik über Jahrzehnte hin etwas geändert. Lange galt auch die von SPD wie Gewerkschaften verfolgte Parole „als Zielmarke: „Ein Arbeiter soll soviel verdienen, dass seine Frau zu Hause bleiben kann wie die Mittelstandsfrau."[277]

Erst die Familienministerin von der Leyen (2007) „strebte eine Verbesserung der Vereinbarung von Familie und Beruf an,"[278] was sich praktisch in einer Förderung des Krippenausbaus auswirkte.

Die Beibehaltung des Ehegattensplittings sowie die Einführung eines Betreuungsgeldes, das von den Gegnern einer familienorientierten Kinderbetreuung polemisch als „Herdprämie" bezeichnet wird, da sie dieses Geld nur unter dem Aspekts des Verlustes für den Krippenausbau sehen, zeigt aber „die

---

274 Weegemann, Waltraud; Kammerlander, Carola Hrsg. (2010) Die Jüngsten in der Kita. Ein Handbuch zur Krippenpädagogik S. 26.

275 Ebenda.

276 Reyer, Jürgen; Kleine, Heidrun; Die Kinderkrippe in Deutschland, Sozialgeschichte einer umstrittenen Einrichtung (Lambertus), 1997, S. 155.

277 Ebenda, S. 58.

278 Ebenda, S. 59.

Unentschiedenheit der aktuellen deutschen Familienpolitik.[279] Sie ist vermutlich auf ein fortlebendes Bild der Mutterrolle zurückzuführen, das die Politik nicht ignorieren kann, da es als „ein historisch überliefertes, in der Nachkriegszeit in Westdeutschland wissenschaftlich abgestütztes hegemoniales Deutungsmuster (existiert), wonach Kinder unter der Erwerbstätigkeit ihrer Mütter leiden."[280]

Die geringe Zahl von Krippenplätzen in der alten BRD hängt sicher mit diesem Umstand der fehlenden absoluten Notwendiglelt zusammen, da die überwiegende Zahl der Kinder in der Familie von ihren Müttern betreut wurden. Auch die mangelnde wissenschaftliche Untersuchung von Krippen in dieser Zeit ist wohl darauf zurückzuführen: „Von Krippenforschung oder auch nur sozialwissenschaftlicher Krippendiskussion konnte in der Bundesrepublik in den ersten drei Jahrzehnten keine Rede sein. Die vereinzelten Studien, die sich finden (unter Einschluß des deutschsprachigen Auslandes) standen in der sozialhygienischen Tradition."[281]

Aber auch in der jüngsten Vergangenheit hat sich noch nicht so viel geändert, wie man angesichts der politischen Werbung für den Krippenausbau annehmen könnte.

Vor ca. 10 Jahren lebten „immer noch etwa zwei Drittel (67,50/0) der Haushalte mit Kindern unter 3 Jahren nach dem „Ernährermodell"[282]. Allerdings wäre ein großer Teil der Frauen in dieser Gruppe grundsätzlich gerne erwerbstätig. Lediglich 20% der Familien mit Kindern unter 3 Jahren organisieren ihre Erwerbstätigkeit nach dem „modernisierten Ernährermodell"[283]. Noch geringer ist der Anteil egalitärer Erwerbsformen: Den Ergebnissen der Studie nach leben nur 4,1% der Kinder in Haushalten, in denen Vater und Mutter Vollzeit erwerbstätig sind („Doppelverdiener"), dem in der Literatur oft beschworenen Modell der Doppel-Teilzeitverdiener folgen lediglich 0,9% und nur bei 1,3% der Familien ist die Frau die Haupternährerin."[284]

Aber auch diese Zahlen lassen sich nicht einfach so deuten, dass berufstätige Eltern ihre Kleinstkinder zwangsläufig in eine öffentliche oder private Betreuungseinrichtung geben, solange sie durch ihre Arbeit zeitlich gebunden sind. Die

279   Ebenda.
280   Ebenda, S. 60.
281   Reyer, Jürgen; Kleine, Heidrun (1997), S. 167.
282   Bien, Walter; Rauschenbach, Thomas; Riedel, Birgit Hrsg. (2006) Wer betreut Deutschlands Kinder? DJI-Kinderbetreuungsstudie, S. 240–241. (Mann: Vollzeit; Frau nicht erwerbstätig)
283   Ebenda; S. 241. (Vater: Vollzeit; Mutter: Teilzeiterwerbstätigkeit)
284   Ebenda.

Verfasser der DJI-Kinderbetreuungsstudie 2005 betonen, wie „erstaunlich (es) allerdings ist, wie hoch insgesamt der Anteil von Haushalten ist, in denen beide Partner erwerbstätig sind, das Kind aber ausschließlich von den Eltern betreut wird. Dieser umfasst bei den „Doppelverdienern" immerhin mehr als ein Achtel (13,6%), bei den Haushalten, die nach dem „modernisierten Ernährermodell" leben, sogar ein Fünftel (20%). Unerwartet ist zudem die starke Nutzung informeller Betreuungsstrukturen, d. h. von Betreuung durch Großeltern, andere Familienmitglieder, Verwandte, Nachbarn oder Freunde. So greift fast ein Drittel der Familien (31,8%), bei denen beide Vollzeit arbeiten, und sogar mehr als die Hälfte der Familien, die dem „modernisierten Ernährermodell" folgen (51,3%), auf diese Betreuungsform zurück."[285] Zur Erklärung wird wiederum darauf verwiesen, dass „Müttererwerbstätigkeit bei Kleinkindern Insbesondere in der westdeutschen Gesellschaft nach wie vor mit der Vorstellung verknüpft (wird), dass Kleinkinder darunter leiden, wenn ihre Mütter berufstätig sind."[286] Vermutlich deshalb „werden (Kinder) in einem weitaus größeren Umfang informell betreut, als die sozialpolitischen Diskussionen erwarten lassen."[287]

Der enge Zusammenhang zwischen der Berufstätigkeit der Mutter und der Notwendigkeit von Krippen verweist darauf, dass es die Bedürfnisse der Erwachsenen sind, die *ihre* Probleme auf diese Weise zu lösen versuchen. Nyssen zitiert die „einprägsame Formulierung" von Pechstein: „Kindergärten für Kinder, Kinderkrippen für Erwachsene"!, die er mit dem Argument unterstützt, „dass Kinder in der Regel von sich aus erst ab dem vollendeten dritten Lebensjahr ein stabiles Bedürfnis entwickeln, außerhalb ihrer konstanten Umwelt mit Gleichaltrigen zusammen zu sein und zu spielen, dass vor diesem Alter aber tendenziell eher jene Formulierung gilt…" Würde man die Kinder selbst fragen, keines ginge in die Krippe!" Wenn dem so ist", setzt Nyssen fort, „dann bleibt tatsächlich nur noch das Interesse der Erwachsenen an der Krippe übrig."[288]

Das Interesse der Kinder liegt objektiv in einer sicheren Beziehung, in einer liebevollen und einfühlsamen Zuwendung, die ihnen die Grundlage für ihr gesamtes weiteres Leben gibt. Deshalb führt die gegenwärtige Konzentration auf die Schaffung von Krippenplätzen auch in die Irre, wenn sie nicht vor allem mit der Frage der Qualität von Krippen verbunden ist, die Kindern als Unterstützung der Eltern (Mütter) gerade diese Liebe entgegenbringt, bzw. wenn nicht vor allem anderen danach gefragt wird, wie es Kindern in dieser Gesellschaft ergeht,

---

285 Ebenda, S. 242.
286 Ebenda.
287 Ebenda, S. 249.
288 Nyssen, Friedhelm Hrsg. (1991), S. 126.

wie ihnen eine sichere Bindung garantiert werden kann – unabhängig von allen anderen Lebensumständen. Damit würden alle Beteiligten sowie die Öffentlichkeit insgesamt stärker für die wirklichen Probleme sensibilisiert werden. Wenn dieses Interesse der Kinder an die erste Stelle gesetzt wird, lautet die Frage: Wie kann es gelingen, Kindern trotz der zeitweiligen Abwesenheit ihrer Mütter eine sichere psychische Basis zu verschaffen? Damit bieten sich mehrere Lösungen an: Im Sinne eines gesellschaftlichen Lastenausgleichs könnten die Erziehungsleistungen der Mütter (Eltern) so gefördert werden, dass eine finanzielle und berufliche Benachteiligung der Mütter (Familien) kompensiert wird. Dazu würden auch gesetzliche Maßnahmen beitragen, die Unternehmen dazu verpflichten, bevorzugt eine gewisse Quote von beruflichen Wiedereinsteigerinnen ab dem 3. Lebensjahr ihres Kindes zu berücksichtigen oder in einen Lastenausgleichsfonds einzuzahlen.

Die Maßnahmen der Politik bieten Eltern neben dem massiven Ausbau der Kinderkrippen[289] aber auch die Möglichkeit, sich weiterhin in traditionellen Bahnen zu bewegen. Neben dem oben erwähnten Ehegattensplitting und dem Kindergeld können Eltern für ihre seit dem 1. Januar 2007 geborenen Kinder das sogenannte Elterngeld für maximal 12 bis 14 Monate erhalten, zusätzlich gibt es ab 2013 ein Betreuungsgeld von 150 Euro für jedes Kind unter drei Jahren. „Das Betreuungsgeld ist so angelegt, dass es Frauen auch möglich sein soll, sich „nur" für eine Familientätigkeit zu entscheiden."[290]

Da eine mehr oder weniger erzwungene Unterbringung von Kleinkindern in Krippen politisch nicht durchsetzbar ist, auch wenn manche Gruppen das wohl gerne durchführen würden, scheint dieser Weg einer Wahlmöglichkeit für Eltern nicht die schlechteste Lösung zu sein, da sie den Krippen Zeit gibt, Vorurteile abzubauen, und den Eltern, die Vorteile von Krippen zu entdecken, wenn denn tatsächlich die Kinder mit ihren Bindungsbedürfnissen im Vordergrund stehen und nicht primär organisatorische, finanzielle Probleme von Erwachsenen oder arbeitsmarktpolitische der Wirtschaft. Deshalb scheint es mir auch ein Fehler zu sein, die finanziellen Aufwendungen für die Familie als „Verlust" für die Krippen zu verbuchen.

---

289   Vgl. Weegmann, Waltraud; Kammerlander, Carola Hrsg. (2010) Die Jüngsten in der Kita. Ein Handbuch zur Krippenpädagogik, S. 38. Das Kinderförderungsgesetz von 2008 sieht vor, dass 2013 für ein Drittel der Kinder unter drei Jahren ein Krippenplatz zur Verfügung steht und dass „jedes Kind mit Vollendung des ersten Lebensjahres einen Rechtsanspruch auf Förderung in einer Kindertageseinrichtung oder in der Tagespflege" hat.

290   Ebenda, S. 39.

Es kann allerdings ebenso wenig darum gehen – wie es z.T. die Krippengegner tun -, hinsichtlich „der Frage nach den Wirkungen der Kindertagesbetreuung für die kindlichen Entwicklung"[291] die Realität der heutigen Tagesbetreuung „am Modell der Abgabe kleiner, noch nicht sicher gebundener Kinder in Tageseinrichtungen nach dem Muster der Kollektiverziehung der DDR" zu diskutieren und dem ein „Erziehungsmodell innerhalb der Familie gegenüber (zu stellen), wie viele Kinder es so selbst nicht erleben."[292]

Diese Relativierung beider Standpunkte wiederum kann aber zur unreflektierten Parteinahme für die Krippe werden und zur Aufweichung des Bindungsbegriffes und zur einseitigen Verlagerung der Verantwortung für das Kind auf die Mutter führen, wenn behauptet wird, dass „aus der Bindungstheorie kein grundsätzliches Plädoyer gegen frühkindliche Förderung herzuleiten ist", da „sicher gebundene Kinder kein Problem damit (haben), Kontakte zu anderen Personen aufzunehmen."[293] Zu diesen „anderen Personen" gehört aber entsprechend den Ausführungen des Autors auch die „Erzieherin. Sie ist nicht Mutterersatz, sondern eine weitere sekundäre Bezugsperson, wie es andere Personen aus dem persönlichen Umfeld des Kindes auch sein können."[294] Durchdenkt man diese Argumentation, soll die Mutter die Quadratur des Kreises lösen: Sie soll berufstätig sein, eine sichere Bindung zu ihrem Kind aufbauen und es zur Förderung seiner Fähigkeiten einer Einrichtung übergeben.

Eine Gleichung nach diesem Vorbild setzt die sichere Bindung als Bedingung für den Eintritt des Kindes in die Krippe voraus[295], während diese sich aber in den ersten drei Lebensjahren entwickelt und festigt. Eine Mutter, die voll berufstätig ist und ihr Kind in eine Krippe gibt, hat es objektiv sehr schwer, rein zeitlich gesehen, einen intensiven Kontakt zu ihrem Kind aufzubauen. Die Forderung, Kinder frühzeitig in Einrichtungen zu „fördern" und dafür eine sichere Bindung

---

291 Wiesner, Reinhard: Die Kleinkindbetreuung in der Familienpolitik der Bundesregierung. in: Kämper, Burkhard; Thönnes, Hans-Werner (2009) Kinderbetreuung in der ersten Lebensphase zwischen Familie, Kirche und Staat, S. 126.

292 Ebenda.

293 Ebenda, S. 127.

294 Ebenda.

295 Wiesner führt diesen Spagat vor: „Damit verweist die Bindungstheorie aber auf einen anderen zentralen Aspekt kindlicher Entwicklung, der im Zusammenhang mit Kindesvernachlässigung immer stärker in den Blick kommt: Wie gelingt es. zwischen Mutter und Kind eine *feinfühlige Beziehung* aufzubauen eine Beziehung, in der die Mutter auf das Bindungsverlangen des Kindes adäquat reagiert, sich für sein Wohlergehen verantwortlich fühlt und es damit vor Gefahren für sein Wohl schützt?" Ebenda.

vorauszusetzen, sowie die Marginalisierung der Bedeutung der ErzieherInnen (sekundäre Bezugspersonen wie andere auch) weicht den tatsächlichen Problemen aus und trägt wenig zu ihrer Lösung bei.

Nyssen hat aus der Perspektive der „Weggabe von Kindern" eine Rangfolge[296] aufgestellt, deren Spektrum von der Nicht-Weggabe (Kind wird von der Mutter betreut) bis zur endgültigen „Weggabe" durch die Freigabe zur Adoption reicht. Dazwischen liegen die Abstufungen der „Weggabe", die sich durch ihre graduelle Entfernung von der „biologisch-psychologischen Elternschaft" unterscheiden: Unterbringung innerhalb der Verwandtschaft, Pflegepersonen für zu Hause, Krabbelstube, Tagesmutter, Krippe, vorläufige Pflegestelle, Heimunterbringung, Adoptionsfreigabe."[297] Da jede dieser Lösungen Geld kostet, wäre es sowohl im Sinne der Kinder wie der Eltern und der gesamten Gesellschaft, nicht schematisch eine Lösung zu bevorzugen, sondern diejenige zu wählen, die unter gegebenen Umständen für die Kinder die größtmögliche Zuwendung und Sicherheit bietet. Das bedeutet nicht zwangsläufig die Unterstützung der biologischen Nähe zu den Eltern, sondern die Berücksichtigung des Interesses der Kinder an sicheren Bindungen.

Damit ist die Schaffung zusätzlicher Krippenplätze für die Betreuung von Kleinkindern *eine unter mehreren Lösungen*. „Aus Sicht des Kindes spricht für eine Betreuung in der Krippe, dass Kinder hier auf eine angereicherte und kindgemäße Umgebung treffen, in der sie mit anderen Kindern zusammen sein können und auf liebevolle und pädagogisch geschulte Erwachsene treffen, die für sie in Ergänzung zu den Eltern zu bedeutsamen Bezugspersonen werden. Voraussetzung

---

296 Kinder, die nicht geboren werden, können auch nicht weggeben werden. Aber ich denke, dass die geringe Fertilitätsrate in Deutschland auch als Ausdruck der gesellschaftlichen Beziehung zu Kindern gesehen werden kann. Deshalb müsste sie eigentlich als extremste Variante einer „Weggabe durch die Vermeidung der Geburt" ebenfalls in das Schema Nyssens integriert werden, soweit die „Vermeidung der Geburt" nicht auf unfreiwilligen Umständen der Frauen beruht. Da es aber schichtenspezifische Unterschiede gibt (siehe das folgende Zitat), besteht eine überlegenswerte Berechtigung für diese Erweiterung von Nyssens Schema. Vgldazu: Keller, Heidi (2011) Kinderalltag Kulturen der Kindheit und ihre Bedeutung für Bindung, Bildung und Erziehung. S. 8–9: „Die statistische, auf die Gesamtbevölkerung bezogene sogenannte Fertilitätsrate beträgt in Deutschland 1,4 Kinder pro Frau. Diese Zahlen beziehen sich auf alle Frauen eines Jahrganges." Sowie: „2008 lag der Anteil der kinderlosen Frauen bei den 40 bis 75-Jährigen mit hoher Bildung in den alten Bundesländern bei 26%, während dieser in den neuen Bundesländern (ohne Berlin) lediglich 9% ausmachte."

297 Nyssen, Friedhelm Hrsg. (1991), S. 113–114.

dafür ist, dass der parallel sich vollziehende Aufbau sicherer Bindungen an die Eltern nicht beeinträchtigt wird und die Krippe notwendigen Qualitätsanforderun-
gen ... genügt[298]." Das bestehende negative Image des Krippenbegriffs[299] lässt sich
sicherlich nicht durch Wortakrobatik beheben. Deshalb sollten die „Anstrengungen darauf gerichtet sein, diese Angebote durch eine Verbesserung der Qualität
so attraktiv zu machen, dass sich die damit verbundenen Konnotationen positiv
verändern und der Begriff Krippe in weiten Teilen der Bevölkerung auf Akzeptanz
und Zustimmung stößt."[300]

Die öffentliche Diskussion vor allem in den Medien vermeidet jedoch eine Stel-
lungnahme für eine Vielfalt von Lösungen zu Gunsten einseitiger Bevorzugung
der öffentlichen Betreuung von Kindern, die mit den (besseren) „persönlichen
Leistungschancen jedes Einzelnen", der „wirtschaftliche(n) Leistungsfähigkeit
Deutschlands" und dem „sozialen Zusammenhalt der Gesellschaft" begründet
werden.[301]

„Diese von wirkmächtigen Akteuren vorgetragene (Kultusministerkonferenz
(KMK) 2008a; Konsortium Bildungsberichterstattung 2006) und auf breiter

---

298 Maywald, Jörg; Schön, Bernhard Hrsg. (2008) Krippen Wie frühe Betreuung gelingt.
Fundierter Rat zu einem umstrittenen Thema, S. 13–14.

299 Vgl. ebenda, S. 20: „Viele Menschen, vor allem im Süden, Westen und Norden
Deutschlands, können und wollen den Begriff Krippe nur schwer akzeptieren."
Ein aktuelles Beispiel unter vielen stellt auch ein Leserbrief im Weserkurier vom
24.06.2014 (S. 4) dar: „Wer in die Gesichter der Kleinstkinder schaut, die gegenwärtig
landauf, landab in großen Karren von ihren Betreuerinnen durch Parks, über Bür-
gersteige oder Marktplätze gezurrt werden, der erschrickt über die leeren, bisweilen
apathischen Blicke der darin kauernden Kinder. Viele wirken so, als ob sie den Tag
irgendwie überstehen müssten, als rechneten sie gar nicht mehr mit einer individuellen, feinfühligen Ansprache, einer liebevollen Umarmung, einem für sie erfreulichen
Erlebnis. Grund zur Klage geben diese Kinder sicher nicht, vermutlich wird man
ihnen eine gute Sozialkompetenz und auch Unkompliziertheit bescheinigen, weil
sie ja gelernt haben, in der Gruppenkarre still zu sitzen und sich den Anordnungen
der Betreuerinnen anzupassen. ... Kann man sich von einem Mozart oder Lanier
vorstellen, dass sie sich in der Kollektivkarre wohlgefühlt hätten? Geschwister hat
man in der Regel unterschiedlichen Alters. Hier aber hocken meist nur Ein- und
Zweijährige zusammen. Von einer gegenseitigen Befruchtung oder gar einem frühen
Lernen kann man da kaum sprechen. Eher von einer Verkümmerung. Ein Blick in die
erschreckend bekümmerten Gesichter dieser Kleinen sagt eigentlich alles. Warum
will das niemand sehen? BIRGITTA VOM LEHN, LILIENTHAL".

300 Ebenda, S. 21.

301 Bühler-Niederberger D., Mierendorf, J. & Lange, A (2010). Kindheit zwischen
fürsorglichem Zugriff und gesellschaftlicher Teilhabe, S. 117.

Ebene geteilte Erwartungshaltung, findet ihre Entsprechung im enormen Medienecho, in dem es Bilder und Berichte über „mehr Bildung für die armen Babys" (Frankfurter Allgemeine Sonntagszeitung), „je früher, desto schlauer" (Die Zeit) und „Pfusch am Kind" (Der Spiegel) auf die vorderen Plätze geschafft haben. Im politischen Feld wird in einem undurchsichtigen Geflecht von bildungs-, arbeitsmarkt-, familien-, sozial-, und integrationspolitischen Interessen unisono die Bedeutsamkeit schulischer sowie vorschulischer Bildung, Betreuung und Erziehung unterstrichen."[302] Damit ist ein „Bild staatliche(r) und politische(r) Akteure über gute Kindheit" verbunden, das ein „Kinderleben in öffentlich verantworteten Bildungseinrichtungen (umschließt), verbunden mit einer professionellen Organisation von Lernprozessen."[303]

Wie das Beispiel der DDR jedoch zeigt, können zentrale staatliche Entscheidungen zu katastrophalen Auswirkungen führen, während eine Vielfalt von Ansätzen zum einen die Diskussion fördert und eher in der Lage ist, Fehler zu benennen und neue Lösungen zu finden.

5.3 Reggio-Pädagogik und die Frage der Bindung

5.3.1 Entstehung der Reggio-Pädagogik und heutige Bedeutung in der Region

Die Reggiopädagogik ist 1945 nach dem Krieg aus einer Elterninitiative entstanden. Sie wollten in Abkehr vom Faschismus einen neuen pädagogischen Hintergrund für ihre Kinder schaffen. Dieser Elterninitiative aus Villa Cella schloss sich ein Lehrer namens Loris Malaguzzi an.

Gemeinsam suchten sie nach einer Zukunft für ihre Kinder, die nicht nur materiell ausgerichtet war, sondern „den Erfahrungen des Faschismus demokratische Erziehungsformen"[304] entgegensetzt. „Ein Modell für diese Form einer gemeinschaftlichen Erziehung (gab) es bisher in Italien nicht"[305], und es konnte auch nur in einem breiten gesellschaftlichen Dialog entstehen, der auch heute noch seine Grundlage bildet. Wesentlich ist dabei, dass „die öffentliche Kindererziehung nicht Sache einzelner, sondern vielmehr eine gemeinschaftliche Aufgabe ist."[306]

---

302 Ebenda.
303 Ebenda, S. 118.
304 Dreier, Annette (2006) Was tut der Wind, wenn er nicht weht? Begegnungen mit der Kleinkindpädagogik in Reggio Emilia, S. 20.
305 Ebenda.
306 Lingenauber, Sabine (2001) Einführung in die Reggio-Pädagogik. Kinder, Erzieherinnen und Eltern als konstitutives Sozialaggregat, Seite 22.

Die Region steht auch den Bedürfnissen der Kinder und der berufstätigen Frauen sehr offen gegenüber, so dass die vorschulische Erziehung unterstützt wird – anders als in den übrigen Regionen Italiens.[307]

Die Bürger der Region sehen eine der Ursachen ihres privaten Wohlstands[308] in ihren gemeinsamen „Investitionen" in die Zukunft ihrer Kinder, deshalb sind sie auch bereit sich langfristig basisdemokratisch zu engagieren, ohne schnell Mut und Kraft zu verlieren.

Vielleicht erklärt die Eigenständigkeit ihres Erfolges auch ihre Gelassenheit im Umgang mit den Kindern und die besondere Bedeutung, die sie den authentischen kognitiven Entdeckungsreisen ihrer Kinder zumessen. Hier gilt tatsächlich: Der Weg ist das Ziel!"

Denn ein in Gemeinschaft mit anderen eigenständig gebahnter Weg, der natürlich nicht ziellos ist, erweitert durch die methodischen, persönlichen und materiellen Erfahrungen die Kompetenzen der Kinder und macht sie zu starken Persönlichkeiten.

Diese besonderen Faktoren müssen bei der Beurteilung der Reggio-Pädagogik und beim Versuch, sie auf andere soziale Verhältnisse zu übertragen, berücksichtigt werden.

2004 gab es 13 kommunale Krippen in Reggio Emilia.[309] 40% der unter 3-Jährigen besuchen eine Krippe, in der jeweils ungefähr 70 Kinder in vier altershomogenen Gruppen betreut werden: Säuglinge (bis 9 Monate), Kleinkinder (10–18 Monate), Kinder zwischen 19 und 24 Monaten sowie Kinder über 24 Monate.

Durch die Altershomogenität soll die Kontinuität in der Gruppe gewährleistet werden sowie die Funktionalität der Arbeitsorganisation.

5.3.2 Das Bild vom Kind

Der Reggio-Pädagogik liegt ein Bild vom kompetenten Kind zugrunde, das die Welt erforscht und hundert Sprachen hat, um sich auszudrücken. Im Gegensatz zu der Vorstellung vom Kind als hilflosem Geschöpf, dessen Wissenszuwachs

---

307 Vgl. ebenda, Seite 27–30.
308 Krieg, Elisabeth Hrsg. (2004) Lernen von Reggio. Theorie und Praxis der Reggio-Pädagogik im Kindergarten, S. 6: „Reggio Emilia mit seinen zirka 140.000 Einwohnern zählt zu den wohlhabendsten Städten Italiens. Seit dem Ende des Zweiten Weltkriegs wird sie durchgehend von linken Parteien regiert, die sich der Teilhabe breiter Bevölkerungsschichten am politischen Geschehen und des sozialen Fortschritts verpflichtet fühlt."
309 Diese und die folgenden Angaben entstammen: Lingenauber, Sabine Hrsg. (2004) Handlexikon der Reggio-Pädagogik, S. 71 ff.

von den Zuwendungen der Erwachsenen abhängt, „wird (dem Kind) eine große Wertschätzung als Konstrukteur seines eigenen Wissens entgegengebracht. Nicht weil es Wissen an sich, sondern weil es sein eigenes, unverkennbar individuelles Wissen konstruiert. Denn das Wissen des Kindes ist keinesfalls nur die Kopie vom Wissen der Erwachsenen, sondern es entwickelt sich mit seinen Interessen und seinen Fragen an die Welt.“[310]

Es wird also in seiner Individualität geschätzt, indem angenommen wird, dass es sich vor allem selbst bildet und in der Gemeinschaft mit anderen Kindern lernt.[311]

„Man akzeptiert die Kinder als Personen, deren Gedanken frei und wichtig sind, deren Arbeit und Leistungen Wert haben, die sowohl Träger als auch Schöpfer einer eigenen Kultur sind. Ihre Entwicklung wird als ein Weg verstanden, den sie selbständig finden und gehen müssen. Die Erwachsenen können nur die Begleiter, die „Assistenten“ auf diesem Weg sein und die Kinder bei der Wahrnehmung ihrer Rechte unterstützen.“[312]

5.3.3 Lernen und die Rolle der Erwachsenen

In der Reggiopädagogik soll das Kind ermutigt werden, in „hundert Sprachen zu sprechen“, z.B. in Worten, Bildern, Werken oder Inszenierungen.[313]

Erwachsene sollen Kindern mit Respekt begegnen, „vor ihrer Kraft, ihrer Lebensfreude, ihrer Kommunikationsfähigkeit und ihren Lernerfolgen.“[314]

Sie sollen nicht nach den Vorstellungen der Erwachsenen geformt werden, sondern sich nach Neigungen und Fähigkeiten selbst formen,[315] wobei Lernen als ein subjektiver Konstruktions- und Verarbeitungsprozess verstanden wird, der lebenslang andauert.[316] „Kinder begegnen der Welt als Anfänger, fast alles, was sie erleben, ist neu und versetzt sie in Erstaunen. Aus dieser Spannung von Überraschung und Verständnis entsteht Antrieb und Lebensfreude.“[317] Deshalb werden ihnen keine vorgefertigten Lösungen vorgesetzt, sondern es wird ihnen mit großem Respekt

---

310 Ebenda, Seite 24.
311 Ebenda.
312 Sommer, Brigitte (1999) Kinder mit erhobenem Kopf. Kindergärten und Krippen in Reggio Emilia, Seite 26.
313 Ebenda, Seite 28.
314 Ebenda.
315 Ebenda.
316 Ebenda, Seite 30.
317 Ebenda, Seite 31.

vor ihren Fähigkeiten begegnet. Sie lernen in der Gemeinschaft mit anderen Kindern, Erwachsene begleiten sie in ihrem eigenständigen Lernprozess.

Kreativ heißt nicht, dass unbedingt etwas Neues geschaffen werden muss, sondern, dass der Lernvorgang an sich etwas Neues für die Kinder mit sich bringt.[318] „Wie leicht greifen Erwachsene in die Vorstellungen von Kindern ein, verbessern, berichtigen sie, tun ihre Ideen als falsch, klein, unreif ab. Eine lange Gewohnheit des „Besserwissens" der Älteren ist noch heute Teil unserer Sozialisation und unseres Lernens. Sich von dieser Vorstellung zu trennen, ist nicht so einfach."[319] Kinder wollen vielmehr selbst die Dinge erforschen. „Kinder fragen uns nicht, um unsere Antworten zu hören, sondern um Instrumente zu bekommen, die das eigene Forschen erweitern."[320] Kinder sollen ihren eigenen Weg des Lernens und der Entwicklung gehen. Wahrscheinlich würden ihre Neugier und ihre Kreativität versiegen, wenn die Erwachsenen ihnen den „richtigen" Weg zeigen wollten.

Fragen der Kinder ergeben sich aus ihren Beobachtungen. Z.B. hatten Kinder schon seit längerer Zeit eine Katze beobachtet, die später Junge bekam. Die Kinder stellten sich nun die Frage, wie neues Leben entstehen kann und fanden eine Lösung entsprechend ihren Beobachtungen und deren Verknüpfung:

„Die Katze schleicht in der Nacht im Park umher und setzt sich unter den Baum mit geöffnetem Schnäuzchen; sie sucht die Samen aus, die ihr am besten gefallen, und sagt: ‚Ich will diesen hier für ein Kind Nerone, und dann fällt der Samen vom Baum, und daraus werden Nerone und die anderen Katzenkinder geboren.'"[321]

Kinder sollen in ihrer Neugier und ihrem eigenen forschenden Lernen gestärkt werden. Sie sind Konstrukteure ihrer eigenen Entwicklung. Den Kindern soll Raum zum eigenen Forschen und Entdecken gegeben werden, anstatt sie in in eine starre institutionelle Tagesplanung hineinzuzwängen, sollte ihr individuelles Lerntempo berücksichtigt werden.[322]

Dieser Respekt vor der Eigenständigkeit der Kinder bedeutet jedoch nicht, dass die Erwachsenen und Erzieher/innen ohne Aufgabe verbleiben, denn sie müssen die Kinder in ihren Erkenntnisprozessen begleiten, die sich bevorzugt in der Form von Projekten vollziehen. Die Projekte entstehen jedoch aus Fragen und Überlegungen der Kinder und nicht aus Vorgaben der ErzieherInnen: „Häufig

---

318   Ebenda, Seite 33.
319   Ebenda.
320   Elena Giacopini in: klein &groß: Das Unmögliche versuchen. Berlin 1997, Heft 5, 5.10.
321   Reggio Children: I cento linguaggi dei bambini, Reggio Emilia 1996, S. 185.; zit. nach Sommer, Brigitte (1999), S. 34.
322   Sommer, Brigitte (1999), S. 36.

geben hiesige Erzieherinnen Themen vor, weil sie glauben, dass diese aus jahres-
zeitlichen Gründen angemessen oder dass bestimmte Inhalte für Kinder wichtig
sind, und diese von Erwachsenen didaktisch-methodisch exakt vorgeplant und
in festen Lernschritten umgesetzt werden müssen. Häufig besteht auch hier die
Vorstellung, dass ein Projekt oder ein Angebot die gesamte Gruppe umfassen
muss. Dies stößt nicht nur auf Schwierigkeiten, weil das Alter der Kinder in einer
Gruppe in deutschen Kindertagesstätten unterschiedlich ist, sondern auch, weil
in einer Gruppe oft verschiedene Interessen, Fragen, Probleme und Bedürfnisse
vorliegen. In Reggio arbeiten und forschen dagegen meist gleichaltrige Kinder
in Kleingruppen an mehreren Themen zum Beispiel sind einige Kinder mit dem
Projekt „Schuh und Meter" befasst, andere Kinder mit der, 'Traubenlese" und so
weiter oder sie arbeiten an einem Thema in unterschiedlichen Schwerpunkten."[323]

Von Erwachsenen vorgegebene Projekte fordern von den Erzieher/innen klare
Festlegungen hinsichtlich der didaktischen Ziele, des methodischen Weges, der
einzusetzenden Materialien und des zeitlichen Rahmens. Diese Entscheidungen
den Kindern zu überlassen, erfordert eine veränderte Denkweise und Haltung
von Seiten der Erzieher/innen: „Es ist aber nicht leicht, die Balance zwischen
Vorgeben sowie Vormachen und sensiblem Begleiten zu finden. In unseren Aus-
bildungen wurden uns in der Regel andere Interaktionsmuster im Zusammensein mit Kindern vermittelt. In unserer pädagogischen Praxis haben wir meist
mehr Erfahrungen Wissen gut aufbereitet zu vermitteln und Fähigkeiten und
Fertigkeiten mit den Kindern zu üben. Manchmal gelingt es uns nicht, bei Kindern eigene Prozesse zuzulassen."[324]

Von Erwachsenen geplante Projekte wollen ein Konzept mit sich daraus ergebenden Kenntnissen und Haltungen der Kinder in Einklang bringen. Die Beobachtung der Kinder durch die Erzieher/innen ist deshalb auf ihre Defizite und
ihre eventuelle Klassifizierung konzentriert. Die Reggio-Pädagogik muss dagegen fragen: „ist unser Blick eher auf Ressourcen und Fähigkeiten der Kinder gerichtet, damit wir sie auf dem Hintergrund unserer theoretischen Kenntnisse in
ihren aktuellen Entwicklungsprozessen begleiten und unterstützen können und
nicht nur aus unseren theoretischen Annahmen unser Handeln ableiten?"[325] Da
die Forschungs- und Entwicklungsprozesse der Kinder nicht planbar sind, als
wenn sie von Erwachsenen als fördernde Maßnahmen konzipiert wären, wird
auch ein längerer Atem bei den Zeitvorstellungen benötigt. „Kinder brauchen

---

323   Krieg, Elisabeth Hrsg. (2004) Lernen von Reggio. Theorie und Praxis der Reggio-
      Pädagogik im Kindergarten, S. 58.
324   Ebenda, Seite 91.
325   Ebenda, Seite 93–94.

Zeit zum Experimentieren, zum Diskutieren, um zu eigenen Lösungen zu kommen. Kinder brauchen Zeit, um Erfahrungen zu machen. Sie brauchen Zeit zum Spielen, Forschen und Lernen, Zeiten des Ruhens, Zögerns und des Träumens. Sie müssen die Freiheit haben, entsprechend ihrem eigenen Rhythmus gemäß Neues zu entdecken, sich mit Dingen auseinanderzusetzen und verschiedene Lösungswege zu suchen und zu erproben."[326]

Da sich in der Reggio-Pädagogik folglich die Erwachsenen primär auf die Kinder einstellen müssen und nicht umgekehrt, sind sie entweder an eine einfühlsame Begleitung der Kinder gebunden oder ihre Tätigkeit wird faktisch überflüssig.

Die Materialien, die die Kinder in den Reggio-Einrichtungen nutzen können[327], sind neben alltäglichen Gegenständen oder Fundstücken oder auch mitgebrachten Gegenständen die in der in der Einrichtung selbst vorhandenen Materialien. Sie sind zwar in gewisser Hinsicht thematisch geordnet, um den Kindern die Orientierung zu erleichtern und ihr Auffinden zu ermöglichen. „Die Trennung der (gruppenbezogenen oder gruppenübergreifenden) Funktionsbereiche ist allerdings nicht starr. Sie unterliegt vielmehr den sich verändernden Bedürfnissen und Entscheidungen der beteiligten Personen, vor allem auch der Kinder. Dies ist ein bemerkenswerter Unterschied zur Montessori-Pädagogik, in der es Aufgabe und Privileg der Erzieherin ist, eine didaktisch reflektierte *vorbereitete* Umgebung zu schaffen. Nicht vorrangig Klarheit und Ordnung, wie bei Montessori, sondern Lebendigkeit und Unverwechselbarkeit sind Charakteristika des Materialarrangements in der Reggio-Pädagogik."[328]

Zur Entscheidungsfreiheit der Kinder trägt auch die Raumgestaltung bei. Die Räume sind kreisförmig um ein Atrium angelegt. „Ein auffälliges Merkmal der Raumgestaltung ist die durchgängige Transparenz und Offenheit. Alles ist frei zugänglich und einladend gestaltet, die Regale sind offen und die Gegenstände somit frei verfügbar für die Kinder."[329]

5.3.4 Bindung und Exploration

Eine sichere Bindung wird von der Reggio-Pädagogik als Voraussetzung des Explorationsverhaltens angesehen. „Kinder machen in der Regel mehr Fehler als

---

326   Ebenda, Seite 24.
327   Vgl. Stichwort „Material" in: Lingenauber, Sabine Hrsg. (2004) Handlexikon der Reggio-Pädagogik, S. 89 ff.
328   Ebenda, Seite 93.
329   Ebenda, Seite 73.

Erwachsene, weil sie arglose, oft bedenkenlose Forscher mit weniger Lebens-
erfahrungen sind. Um ihre Kraft zum Forschen nicht zu verlieren, brauchen
sie emotionale Sicherheit durch die Erziehungspersonen und einen Vorschuss
an Wohlwollen und Vertrauen."[330] Die Erzieher/innen sehen „sich als „Assistenten" der Kinder, die begleiten, zuhören, beobachten und dem Kind Sicherheit anbieten. Ihre Arbeit wird ... bestimmt ...vom Vertrauen auf die kindliche
Kompetenz."[331] Eine sichere Bindung hängt auch von eindeutig geregelten Beziehungen des Kindes zum Elternhaus und zur Krippe ab. Deshalb „muss (das
Kind) seinen Weg in die Krippe durch die Vermittlung der Eltern beginnen. Sie
geben ihm Sicherheit für das Neue. Deshalb beteiligen wir die Eltern an der Eingewöhnung. Sie können hier mit dem Kind spielen, es füttern und wickeln, und
mit der Zeit übernehmen wir dann diese Tätigkeiten, am Anfang immer im Beisein der Eltern."[332]

Die Erzieher/innen der Krippe bauen Beziehungen zu den Eltern und ihren
Kindern auf, indem schon vor dem Beginn der Eingewöhnungsphase Gespräche
mit den Eltern stattfinden, denn das Kind hat bereits eine Geschichte, wenn es in
die Einrichtung kommt.[333]

„Fest steht, dass der Erzieher/die Erzieherin zunächst eine wichtige und vertraute Bezugsperson sowohl für das Kind als auch für die Eltern werden muss."[334]

Die Bezugs- oder Bindungsperson wird in Anlehnung an das Konzept von
Bowlby und Ainsworth verstanden, die Ende der 60er Jahre die Bindungsbeziehungen zwischen Kind und Bezugspersonen untersucht haben.[335]

Während der Eingewöhnungsphase ist es die Aufgabe der Erzieher/innen,
„das Kind, seine Bedürfnisse und Reaktionen genauer zu beobachten, um angemessen auf sie eingehen zu können."[336] Es ist auch wichtig, dass den Eltern res-
pektvoll begegnet wird und sie „in ihrem Umgang mit dem Kind akzeptiert und
ernstgenommen"[337] werden. Nach einigen Tagen trennen sich die Eltern zunächst

---

330 Sommer, Brigitte (1999) Kinder mit erhobenem Kopf. Kindergärten und Krippen in
     Reggio Emilia, S. 35.
331 Ebenda, Seite 67.
332 Dreier Anette (2006), Was tut der Wind, wenn er nicht weht? Begegnungen mit der
     Kleinkindpädagogik in Reggio Emilia, Seite 186.
333 Ebenda, Seite 188, 189.
334 Mantovani & Musatti 1983a, S. 20, aus: Dreier Anette, Seite 188.
335 Dreier Anette (2006), Was tut der Wind, wenn er nicht weht? Begegnungen mit der
     Kleinkindpädagogik in Reggio Emilia, Seite 188.
336 Ebenda, Seite 188.
337 Ebenda, Seite 189.

für kurze Zeit von ihren Kindern, bleiben aber in der Nähe. Wichtig ist, dass die Eltern sich verabschieden, bevor sie gehen und sich nicht einfach davonschleichen, wenn das Kind z.b. gerade intensiv spielt, sondern deutlich machen, dass sie jetzt gehen, aber bald wieder kommen, ansonsten wäre das Kind sehr verunsichert hinsichtlich der Verlässlichkeit seiner Eltern.[338] Es sollen immer nur zwei neue Kinder pro Woche aufgenommen werden.[339]

Stabile Beziehungen sollen in der Anfangsphase dadurch erreicht werden, dass vorher festgelegt wird, welche/r Erzieher/In sich um welches Kind kümmert.

Die Eingewöhnung der neuen Kinder gilt als erreicht, wenn die Kinder die neuen Bezugspersonen in Pflege und Spielphasen annehmen und sich auch in Konfliktsituationen von ihnen trösten lassen. Nach Mantovani wird durch eine langsame Eingewöhnung der Grundstein für eine harmonische Entwicklung des Kindes in der Krippe gelegt.[340]

5.3.5 Reggio-Pädagogik im Kontext realer Krippenkonzepte

Im Folgenden soll an wenigen Beispielen das Verständnis der Reggio-Pädagogik an der Selbstdarstellung existierender Krippen vor allem in ihrer Rezeption und Anwendung der Erkenntnisse der Bindungsforschung geprüft werden.

5.3.5.1 Kinderkrippe Gänseblümchen (München)[341]

Die Kinderkrippe „Gänseblümchen" „orientiert sich schwerpunktmäßig an der Erziehungsphilosophie der Reggio-Pädagogik und an der pädagogischen Programmatik Maria Montessoris."[342] Entsprechend der Reggio-Pädagogik wird das Kind als „Konstrukteur seiner individuellen Wirklichkeit und Entwicklung" gesehen, während es nach dem Montessori-Verständnis der Verfasser nur als „Mitgestalter seines Erziehungsprozesses (gilt), welches in seiner Rolle ernst genommen wird."

Laut dem „Bildungsverständnis" der Krippe soll die „Vermittlung lernmethodischer Fähigkeiten" sowie die „Vermittlung von Basiskompetenzen" zu den zentralen Aufgaben gehören. Zu den Basiskompetenzen gehören u.a. „personale Kompetenzen (z.B. positives Selbstkonzept, Autonomie), kognitive Kompetenzen (z.B. Denkfähigkeit), physische Kompetenzen (z.B. grob- und feinmotorische

---

338 Ebenda, Seite 189.
339 Vgl. Ebenda, Seite 190. gl.
340 Ebenda, Seite 190.
341 http://www.kinderkrippe-gaensebluemchen.de/paedagogik.htm.
342 Ebenda, alle folgenden wörtlichen Textübernahmen in diesem Abschnitt entstammen dieser Quelle.

Kompetenzen), soziale Kompetenzen (z.B. Aufbau von Beziehungen, Rollen-übernahme) und lernmethodische Kompetenzen."

Die doppelte Erwähnung der Lernmethodik ist vermutlich kein Zufall, das Konzept scheint stärker auf die konditionierende Pädagogik Montessoris (Vgl. dort) als auf Reggio orientiert zu sein. Dahinter steht die unausgesproche-ne Forderung der sogenannten Leistungsgesellschaft, an die die Kinder mög-lichst frühzeitig angepasst werden sollen. Deshalb verspricht die Krippe den Eltern auch: „Durch die Förderung der Basiskompetenzen wird Ihr Kleinst-kind auf die späteren Herausforderungen und Anforderungen in Schule, Beruf, Familie und Gesellschaft vorbereitet."

Als „maßgebliche Entwicklungsaufgaben in der frühkindlichen Lebenspha-se" werden an den ersten Stellen „die Entwicklung der Wahrnehmung, der Auf-bau einer sicheren Bindung, der Aufbau kognitiver Strukturen, das Erlernen von motorischen Funktionen, die Selbstkontrolle, die Sprachentwicklung" genannt. Vom Verständnis der Reggio-Pädagogik her ist das Kind in der Lage, diese Auf-gaben selbst zu meistern, wenn es sich auf seine menschliche Umwelt verlassen kann (Bindung). Da diese Punkte im Konzept der Krippe undifferenziert neben-einander stehen, deutet auch dies eher auf ein Verständnis der Kindes als eines leeren Gefäßes hin, das mit den Inhalten der Erwachsenenwelt gefüllt werden muss. Diese Auffassung ist mit der Reggio-Pädagogik jedoch nicht vereinbar.

5.3.5.2 Kinderhaus Stadt Stein[343]

Das Kinderhaus orientiert sich tatsächlich an der Reggio-Pädagogik, soweit sich dies aus seiner Rezeption dieser pädagogischen Richtung entnehmen lässt.

Zur Rolle des Erziehers schreibt die Einrichtung:

• „Zum entdeckenden Lernen geben die Erzieher dem Kind die ausreichende Zeit und ansprechende Räume („Der Raum als dritter Erzieher"). So ermög-lichen wir dem Kind, eigenständig Erfahrungen zu sammeln und neue Er-kenntnisse zu erschließen.

• Der Dialog und die Kommunikation stehen im Mittelpunkt. So findet zwi-schen Kindern, Eltern und Erziehern ein ständiger Austausch statt.

• Eine große Bedeutung hat für die Erzieher die Beobachtung der Kinder beim Entdecken, Erforschen, sowie bei der Suche nach Erklärungen und bei der Aufstellung von Hypothesen.

---

343 http://www.kinderhaus-stadt-stein.de/texte/seite.php?id=39578.

- Der Erzieher ist Begleiter der Kinder. Er gibt keine fertigen Lösungsmöglichkeiten vor. Die Kinder werden nicht belehrt, sondern durch Fragen bei ihren Wegen der Weltaneignung begleitet und unterstützt. Es werden Impulse gegeben, die das Kind zum Weiterdenken anregen."[344]

Als „Bausteine" der Krippe werden die Kinderkonferenz, das freie Spiel, die Projektarbeit und die Eltern- und Familienarbeit genannt. Am Beispiel des freien Spiels wird deutlich, dass die Krippe den Kindern die Exploration der Welt zugesteht und sie dabei behutsam unterstützt. Kinder dürfen „neugierig sein, entdecken, ausprobieren, experimentieren, vielfältige Erfahrungen sammeln,"[345] wodurch „das Kind in seinen Stärken gefestigt"[346] wird.

Gleichzeitig wird aber „kein Kind in ein Spiel (hineingedrängt)", sondern ihm wird Raum gegeben „zum Beobachten, zum Zurückziehen, zum Träumen, um Ruhe zu finden oder auch körperlich aktiv zu sein." Denn: „Kinder sind wie Uhren; man darf sie nicht nur aufziehen, man muss sie auch gehen lassen."[347]

Es fällt jedoch auf, dass der Begriff der Bindung an keiner Stelle in der Selbstdarstellung der Krippe erwähnt wird.

5.3.5.3 Weitere Reggio-Krippen

Das Kinderhaus Violetta[348] fasst alle Grundsätze der Reggio-Pädagogik knapp und perfekt zusammen, aber auch hier fehlt ein Hinweis auf die Bindungsfrage.

Auch die Kinderkrippe Birkenallee[349] orientiert sich an Reggio, jedoch wird zum einen auf den günstigen Personalschlüssel hingewiesen („Weniger Kinder und mehr Personal") und es findet sich auch ein Hinweis auf die Bedeutung der Bindung: „Kinder unter drei Jahren leben eine ganz intensive und enge Beziehung zu ihren Eltern. Es ist eine existenziell wichtige und sensible Phase, in der die Grundlage für einen vertrauensvollen und selbstbewussten Menschen entwickelt wird: das Urvertrauen. Deswegen liegt uns sehr viel an einer sanften Eingewöhnung in unsere Krippe."[350] Die Eltern werden deshalb aufgefordert, einige Tage in der Krippe mit ihrem Kind zu verbringen, damit es die neue Umgebung

---

344   Ebenda.
345   http://www.kinderhaus-stadt-stein.de/texte/seite.php?id=39622.
346   Ebenda.
347   Ebenda.
348   http://www.kinderhaus-violetta.de/index.php?id=59.
349   http://www.eggenfelden.de/index.php?option=com_content&task=view&id=213&Itemid=489 kinderkrippe.
350   Ebenda.

mit ihnen erforschen kann. „Erst dann versuchen wir, nach individueller Absprache und ganz ausgerichtet an den Bedürfnissen Ihres Kindes, eine kurzzeitige Trennung, die dann Schritt für Schritt ausgedehnt werden kann. Erst wenn das Kind die Trennung gut übersteht, und uns als Bezugsperson akzeptiert, dann ist die Eingewöhnungszeit abgeschlossen."[351]

Die Kinderkrippe Planegg richtet sich in ihrer pädagogischen Arbeit nach den bekannten Grundsätzen der Reggio-Pädagogik.[352] Das folgende Zitat kann als Beleg dafür gesehen werden, dass sowohl Bindung wie auch Exploration auf angemessene Weise berücksichtigt werden: „Wir vertreten ebenso die Ansicht, dass das Kind seinen eigenen inneren Bauplan in seiner Entwicklung hat. Wir bieten den Kindern eine umfassende und liebevolle Bildung und Betreuung eingebettet in einem flexiblen Tagesablauf an, der an den Bedürfnissen der Kinder individuell ausgerichtet wird. Wir verzichten bewusst auf Trainings- und Förderprogramme, die einzelne Bereiche wie die Sprache und die Mathematik isoliert fördern sollen, sondern handeln nach den Grundsätzen von Reggio-Emilia, die eine ganzheitliche Bildung und Erziehung aller Entwicklungsbereiche vorgibt.

Unsere konzeptuellen Schwerpunkte: Die Eingewöhnung eines jeden Kindes hat in unserer Arbeit einen wichtigen Stellenwert. Deshalb nehmen wir uns für jedes Kind mit dessen Familie ausreichend Zeit."[353]

Auch die Kindertagesstätte Wirbelwind[354] richtet sich nach dem Reggio-Konzept und beachtet die Fragen der Bindung, dies gilt ebenso für das Reggio-Kinderhaus in Gotha[355], so dass sich aus einem mehr oder weniger zufälligen Vergleich verschiedener Reggio-Einrichtungen insgesamt ein Bild von einer Identität der Reggio-Zielvorstellungen mit den Konzepten der Krippen ergibt.

5.4 Waldkindergarten

Die Zahl der Waldkindergärten in Deutschland wird für 1997 auf ungefähr 300[356] geschätzt, inzwischen haben sich auch eine Reihe von Waldkrippen gebildet. Wegen ihres besonderen Wirkungskreises, der weitgehend in der Natur liegt,

---

351 Ebenda.
352 http://www.fortschritt-ggmbh.de/fortschritt-einrichtungen-/kinderkrippen/planegg/index.html.
353 Ebenda.
354 http://wirbelwind-hannover.de/konzept-1/.
355 http://www.gotha.de/index.php?id=205.
356 Schaffert, Sandra o.J. Der Waldkindergarten in: Textor, Martin R. (Hrsg.) Kindergartenpädagogik – Online-Handbuchhttp://www.kindergartenpaedagogik.de/1216.html.

könnte man sie für Kinder unter drei Jahren als ungeeignet ansehen. „Das Leben im Waldkindergarten erfordert von den Kindern ein Maß an Selbständigkeit, das unter Dreijährige in vielen Punkten überfordert. Auch sie würden in den Bereichen der Sinneswahrnehmung vom Aufenthalt im Wald profitieren, doch ihre motorischen und sozialen Fertigkeiten entsprechen noch nicht den Anforderungen des Waldkindergartens. Auch für die Erzieher/innen wäre die Aufnahme von Kleinstkindern, die gewickelt werden müssen und die weiten Strecken im Wald noch nicht selbst bewältigen können, eine unzumutbare Belastung. Der Waldkindergarten kann die Bedürfnisse von Kleinstkindern nicht in ausreichendem Maße befriedigen."[357]

Bei genauerem Hinsehen sind es aber vor allem technische Fragen wie die notwendige Bereitstellung von geeigneten Räumen zum Wickeln und Füttern der Kinder, eine Vergrößerung des Personalbestands etc., die für eine Ausweitung des Angebotes der Waldkindergärten gelöst werden müssten. In diese Richtung ließen sich etwa die integrierten Waldkindergärten in Dänemark leicht erweitern, die über eigene Räume verfügen.[358]

Da es kaum spezielle Literatur zur Waldkrippe gibt, wird im Folgenden geprüft, welche allgemeinen Ziele der Waldkindergarten verfolgt und welchen Stellenwert sichere Bindung und Exploration in seiner Organisation und seinem Betrieb einnehmen. Beide Faktoren sind in der Entwicklung des Kindes über das dritte Lebensjahr hinaus weiterhin bedeutsam, wenn auch eher im Versuch des Ausgleichs für bereits aufgetretene Schäden.

Die Notwendigkeit des Waldkindergartens wird zum einen mit gesundheitlichen Problemen der Kinder begründet – neben anderem körperliche Entwicklungsstörungen, Haltungsschäden, Übergewicht, schwaches Herz-Kreislauf-System, da die „Kindheit nach innen verlegt"[359] worden ist. Aber auch Orientierungsschwierigkeiten der Kinder (Sinnzusammenhänge erkennen) und fehlende Gestaltungsmöglichkeiten, Konsumorientiertheit und Medienabhängigkeit spielen als Motive eine Rolle.[360]

---

357 Lorber, Katharina; Erziehung und Bildung von Kleinstkindern, Geschichte und Konzepte, Seite 57.
358 Vgl. Miklitz, Ingrid (2001) Der Waldkindergarten. Dimensionen eines pädagogischen Ansatzes, S. 10.
359 Ebenda, Seite 12.
360 Ebenda.

Als Gegenmaßnahme, um der „Entfremdung von der Natur"[361] entgegenzu-
wirken, benötigen Kinder deshalb „vermehrt Freiräume, in denen ganzheitliches
Lernen möglich ist."[362]

Wenn diese Überlegungen noch unmittelbar an Bedürfnissen der Kinder orientiert sind, so leitet Norbert Huppertz hingegen sein Verständnis der Aufgaben
der Waldkindergärten aus normativen Vorstellungen ab, wie sie auch seinem
„lebensbezogenen Ansatz" der Frühpädagogik zugrunde liegen. „Waldkindergärten (sind) Orte der Wertevermittlung, wie wir sie kaum irgendwo sonst im
Gefüge unserer Bildungsinstanzen finden."[363] Gemeint sind damit vor allem aus
einer zugrunde liegenden Kulturkritik abgeleitete und den „herkömmlichen"
Werten wie „z.B. Freiheit, Solidarität, Toleranz und Gerechtigkeit usw."[364] entgegengesetzte „Werte für die heutige Zeit und den morgigen Tag", in denen 21
verschiedene aus der Sicht des Verfassers wünschenswerte Haltungen gegenüber
der (Um-) Welt, dem eigenen Ich und den Mitmenschen formuliert werden. Als
erste nennt er: „a) Erleben der Wirklichkeit, z.B. durch originäres Erfahren in der
Natur (Wasser, Feuer, Wind …) (das Gegenteil: Mediatisierte Vermittlung, z.B.
durch überhöhten Medienkonsum mit Fernsehen, Video, Computerspiele usw.),
b) Maßhalten und verzichten können (das Gegenteil: Mentalität der Überfluss-
und Wegwerfgesellschaft) c) Ethisches Verhalten als Bewusstsein von Gut und
Böse (das Gegenteil: Handeln nur nach Profit und eigenem Vorteil) d) Sicht des
Ganzen (das Gegenteil: die Einstellung: „Mein Handeln betrifft nur mich.").[365]

So wünschenswert es auch wäre, wenn die meisten dieser Werte von allen
Menschen getragen und an die kommenden Generationen weitergegeben werden könnten, so wenig überzeugend scheint es mir zu sein, Kinder in einer Welt,
die nahezu in keinem Punkt den Vorgaben des Autors entspricht, zu Hoffnungs-
trägern einer neuen Zukunft zu erziehen. Das bedeutet nicht, dass nicht jede
einzelne Forderung und ihre Umsetzung unterstützt werden sollte, diese Forderungen insgesamt sollten aber nicht den primären Rahmen der Erziehung abge-
ben, sondern sie sollte auf das Kind (die Kinder) selbst fokussiert sein und ihre
Befindlichkeiten, sonst könnte das Kind zu leicht aus dem Blickfeld der Erzieher
geraten.

---

361 Ebenda, S. 13.
362 Ebenda.
363 Huppertz, Norbert (2004) Handbuch Waldkindergarten, S. 12.
364 Ebenda, S. 17, Vg. für die folgenden Ausführungen S. 17–19.
365 Ebenda, S. 17.

Als „zentrales Ziel" bzw. als der „alles leitende obersten Wert" nennt Huppertz „ein gelingendes Leben für alle, und zwar überall."[366] Hier möchte man mit der Lebensmittelfachverkäuferin fragen: „Darf es etwas mehr sein?"

Methodisch setzt Huppert ebenso wie die Montessori-Pädagogik auf Konditionierung. „Damit die erwünschte Haltung erlernt wird, muss (sie) verstärkt (belohnt) werden und … geübt werden."[367] Während die normativen Vorgaben an erster Stelle stehen, nehmen die Bedürfnisse der Kinder einen nachgeordneten Rang ein. Als solche bezeichnet Huppertz „menschliche Zuwendung", „soziale Einbindung in eine stabile und überschaubare Gruppe," „anregende Bildung durch Sachgegenstände und Themen, und zwar schon ab der ersten Lebenszeit," „orientierende Führung – Erziehung –, damit sich z.B. ein Gewissen bilden kann," „Bedürfnis nach Anerkennung, und zwar ihrer selbst und ihrer Leistungen," sowie mehrere Selbsverständlichkeiten wie Bewegung, Raum, Ernährung etc.

Die „menschliche Zuwendung" ist das einzige ungeteilt dem Individuum vom Autor zuerkannte Bedürfnis, selbst sein „Bedürfnis nach Anerkennung" muss es noch zwischen sich und seinen Leistungen teilen. Es ist nicht das Ziel dieser Arbeit, gesellschaftliche Intentionen von frühkindlicher Pädagogik zu erörtern und zu kritisieren, ein Konzept aber, das explizit gesellschaftlich globale Ziele verfolgt und sich als pädagogische Methode zur Umgestaltung der Welt empfiehlt, muss darauf geprüft werden, ob es nicht gerade das einzelne Kind bei seinen Zielen übersieht. Gestützt wird diese Vermutung durch eine Umfrage unter Erzieher/innen von Waldkindergärten nach ihren präferierten Bildungsbereichen. An der Spitze stehen „Sozialerziehung (9,68), Naturbegegnung (9,59), Wahrnehmung (9,45), Motorik (9,39)"[368] Es gibt dagegen keinen Bildungsbereich der Entwicklung der Persönlichkeit, der Autonomie, der Kreativität, des explorativen Verhaltens.

Miklitz[369] (2001) formuliert die Präferenzen stärker auf das Kind bezogen: Der jahreszeitliche Rhythmus ermöglicht den Kindern „sich spontan und frei im Wald zu bewegen", wo „alle fünf Sinne des Kindes … in ihrer Differenziertheit angesprochen" werden, „die Förderung im *psychomotorischen* Bereich findet unter idealen Bedingungen statt," „das Kind kann bei einer Tätigkeit, bei einer Beobachtung *verweilen*, entsprechend seinem individuellen Bedürfnis," „die Fantasie des Kindes kann sich frei entfalten,", „Stille wird erfahrbar".

---

366 Ebenda, S. 19.
367 Ebenda, S. 24.
368 Ebenda, S. 78.
369 Miklitz, Ingrid (2001) Der Waldkindergarten. Dimensionen eines pädagogischen Ansatzes, S. 14.

Sie stellt in einem differenzierten Vergleich mögliche Auswirkungen des „intentional strukturierten Kindergartenraumes" und der in ihm verwendeten Spielzeuge den möglichen Auswirkungen „der autonom strukturierten Umgebung im Waldkindergarten auf die Erzieherin und das Kind"[370] gegenüber.

Im ersteren sieht sie die Erzieherin in der Rolle des Bildungsanimateurs, der zu starken Verhaltensvorgaben und vorgegebenen Spielmustern gezwungen und durch begrenzte, enge Räume mit z. T. hohem Lärmpegel sowie eine Reihe von externen Reizen zu Interventionen gezwungen ist, was bei den Kindern in der Summe zu geringer Eigenverantwortung, Langeweile, Passivität, Stress, Konzentrationsmangel und angepasstem Verhalten führen kann. Im Waldkindergarten dagegen sieht sie Möglichkeiten zur Entwicklung von Selbstbewusstsein, zum Überwinden von Scheu und Unsicherheit, zu einem Selbstbewusstsein gegenüber Lernimpulsen, zu einer Gefühlsautonomie und zu einer Ermutigung motivierten Handelns. Analog fällt ihr Vergleich industriell gefertigten Spielzeugs mit dem Naturmaterial aus.

Diese Konzeption wäre mit einer bindungsorientierten Betreuung von Kleinstkindern gut vereinbar. Die Offenheit der Natur für verschiedene Erfahrungen und Perspektiven, für einen spontanen und kreativen Umgang mit ihr ermöglicht tatsächlich die Entwicklung von starken Individuen, die aber zugleich auch ausgeglichen und sozial verantwortlich sind, wenn sie in der frühen Entwicklungsphase einfühlsam betreut werden. Miklitz betont deshalb auch, dass für Dreijährige „immer die gleiche Bezugsperson verantwortlich und der Aktionsradius eingeschränkt"[371] werden soll. Der Erzieherin kommt die Aufgabe der „Begleitung" des Kindes zu, womit ein umfassender Prozess gemeint ist, der behutsam versucht, die Intentionen der Kinder zu verstehen, sie anteilnehmend zu beobachten und möglichst die Selbsttätigkeit des Kindes zu fördern.[372]

In einer Untersuchung zum Thema „Kind und Natur. Die Bedeutung der Natur für die psychische Entwicklung"[373] untersucht Ulrich u.a. die Frage: „Brauchen Kinder Natur?" Seine Auswertung und Zusammenfassung verschiedener empirischer Arbeiten führt zwar zu gegensätzlichen Bewertungen, es zeichnet sich aber ab, dass „Kinder offenbar solche Natur am meisten schätzen, die von den erwachsenen Planern vergessen wurden", und er schließt daraus, dass die

---

370 Ebenda, S. 27–29.
371 Ebenda, S. 21.
372 Die Auflistung ist umfangreicher, hier sind nur die wesentlichen Aspekte zusammengefasst. Ebenda, S. 48–49.
373 Gebhard, Ulrich (2013) Kind und Natur. Die Bedeutung der Natur für die psychische Entwicklung.

„Spannweite von Naturerfahrungen zwischen Kontinuität und ständiger Neuigkeit nicht unter Aufsicht erfahren werden (kann), sondern wohl in kleinen, aber selbständigen Schritten erschlossen werden (muss)."[374] Den Wert der Natur für die Kinder sieht er darin, dass sie „ein relativ hohes Mass an Freizügigkeit haben, zugleich relativ aufgehoben sind und zudem Bedürfnissen nach „Wildnis" und Abenteuer nachgehen können"[375] und „an der Natur vor allem die Abwechslung, die Möglichkeit nach immer neuen Aktivitäten schätzen."[376] Diese empirischen Untersuchungsergebnisse bestätigen in gewisser Hinsicht eine Aussage von Alexander Mitscherlich, auf den Gebhard sich ausdrücklich bezieht: „Der junge Mensch ist noch arm an höherer geistiger Leistungsfähigkeit – er ist weitgehend ein triebbestimmtes Spielwesen. Er braucht deshalb seinesgleichen, nämlich Tiere, überhaupt Elementares, Wasser, Dreck, Gebüsche, Spielraum. Man kann ihn auch ohne das alles aufwachsen lassen, mit Teppichen, Stofftieren oder auf asphaltierten Straßen und Höfen. Er überlebt es – doch man soll sich dann nicht wundern, wenn er später bestimmte soziale Grundleistungen nie mehr erlernt, z.B. ein Zugehörigkeitsgefühl zu einem Ort und Initiative. Um Schwung zu haben, muss man sich von einem festen Ort abstoßen können, ein Gefühl der Sicherheit erworben haben. [...] Je weniger Freizügigkeit, je weniger Anschauung der Natur mit ihren biologischen Prozessen, je weniger Kontaktanregung zur Befriedigung der Neugier, desto weniger kann ein Mensch seine seelischen Fähigkeiten entfalten und mit seinem inneren Triebgeschehen umzugehen lernen (Mitscherlich 1965, S. 24 f.)."[377]

Zugleich wird hier ein weiterer Aspekt deutlich, den Mitscherlich indirekt anspricht. Kleine Kinder zu „höherer geistiger Leistungsfähigkeit" anzutreiben, könnte im Gegensatz zu den damit verbundenen Intentionen nicht zu ihrer kognitiven Leistungssteigerung, sondern eher zu einer Einengung ihres Denkens und Handelns und zu einer Begrenzung ihrer initiativen Kraft führen. Miklitsch stellt die Frage: „Warum sollte die Sonne nicht gerade jetzt und hier scheinen, wo dem Kind so kalt ist, warum wollen wir dem Kind belehrend ausreden, dass es keine Wurzelkinder und Zwerge gibt? Unsere Aufgabe ist es, uns als Erwachsene Zugänge zum kindlichen Denken zu schaffen."[378] Dieses Verhalten gegenüber der

---

374 Ebenda, S. 87.
375 Ebenda, S. 86.
376 Ebenda, S. 77.
377 Mitscherlich, A.: Die Unwirtlichkeit unserer Städte. Frankfurt/M. 1965, ebenda, S. 76/77.
378 Miklitz, Ingrid (2001) Der Waldkindergarten. Dimensionen eines pädagogischen Ansatzes, S. 42.

kindlichen Logik und dem kindlichen Animismus bedeutet eine inhaltlich bedeutsame Feinfühligkeit, die nicht nur formal ist und dem Kind in Gelassenheit
seine Freiheit lässt für eine Entwicklung entsprechend seinem Tempo und seiner
Erfahrungen. Das Konzept der Naturnähe, wie es sich nach den Ausführungen
von Miklitsch abzeichnet, ist aus meiner Sicht auch für Kinder ab dem zweiten Lebensjahr geeignet, soweit entsprechende Vorkehrungen getroffen werden.
Wie kein anderes Konzept könnte es das Spannungsverhältnis zwischen Bindung und Exploration lösen.

5.4.1 Die Waldkinderkrippe Mooswichtel[379] als Beispiel einer bindungsorientierten Krippeneinrichtung

Die Waldkinderkrippe Mooswinkel betreut „8 bis 12 Kinder im Alter von
20 Monaten bis zum Kindergarteneintritt."[380] Die Kinder müssen selbständig
laufen können. Je nach Gruppenstärke sind zwei pädagogische Fachkräfte und
eine Erzieherin im Anerkennungsjahr für die Gruppe zuständig.

Zur Rolle der Erzieherinnen heißt es im „Kurzkonzept": „Der gute Anstel-
lungsschlüssel ermöglicht es dem pädagogischen Personal die individuellen
Bedürfnisse jedes einzelnen Kindes wahrzunehmen, sich auf deren Gefühlslage
einzustimmen und sie so situativ zu begleiten und zu unterstützen. Wir Erzieherinnen verstehen uns vor allem als liebevolle Begleitung der Kinder in ihrem
Wachsen. Durch achtsame Präsenz und Empathie schaffen wir einen Raum voll
Wärme, Geborgenheit und Sicherheit. Darauf aufbauend können die Kinder ihre
Umwelt eigenständig und selbstbestimmt erkunden und entdecken. Bereits in
der Krippe wird der Grundstein zur Partizipation gelegt. Wir sehen das Kind
als aktiven Gestalter seiner Lernprozesse, das autonom sein Umfeld erforschen
will und die Interaktion mit Kindern und Erwachsenen sucht. Spaß, freudvolle
Erlebnisse in einer Gemeinschaft und Freundschaften stärken die sozialen und
emotionalen Kompetenzen der Kinder."[381]

Die Beobachtung und Dokumentation der Entwicklung der Kinder erfolgt entsprechend der schwedischen Entwicklungsdokumentation „Baum der Erkennt-
nis" von Marianne und Lasse Berger, die „sich an den Kompetenzen des Kindes
(orientiert) und eine ganzheitliche Sichtweise auf das Kind (bietet)."[382]

---

379 http://www.mooswichtel-erlangen.de/konzept/waldkinderkrippe/.
380 Pädagogisches Kurzkonzept der Waldkinderkrippe Mooswichtel e.V. S. 2. (PDF-
     Dokument von der zuvor angegeben Web-Adresse).
381 Ebenda, S. 3.
382 Ebenda, S. 4.

90

Der Übergang in die Krippe und die Eingewöhnung erfolgen im Bewusstsein, dass das Kind eine „hohe Anpassungsleistung an neue Gegebenheiten"[383] erbringt und dass „eine positive Eingewöhnungszeit dabei das Bindungs- und Lernverhalten der Kinder nachhaltig"[384] prägt.

Besonderer Wert wird dabei auf die Zusammenarbeit mit den Eltern gelegt. Während der 3-4-wöchigen Eingewöhnungsphase begleitet ein Elternteil (immer dieselbe Bezugsperson) das Kind. Von Seiten der Krippe widmet ebenfalls nur eine Bezugserzieherin „dem Kind während der Eingewöhnungszeit ihre volle Aufmerksamkeit,"[385] wobei den Erzieherinnen bewusst ist, dass der Unterschied zwischen primären und sekundären Bezugspersonen nicht aufgeweicht werden darf. Deshalb werden auch die Trennungssituationen beim Abschied für das Kind klar und bewusst gestaltet, damit es die Sicherheit entwickelt, dass die Eltern zurückkehren. Ebenso werden im Lauf der Eingewöhnungsphase sukzessiv zunächst kürzere und dann längere Trennungssituation herbeigeführt, damit die Bezugserzieherin langsam eine vertrauensvolle Beziehung zum Kind aufbauen und die elterliche Bezugsperson bei Ängsten des Kindes schnell zur Stelle sein kann. Die Bezugserzieherin orientiert sich auch hinsichtlich der Toilettengänge des Kindes an den Gewohnheiten des Kindes, die ihr von den Eltern praktisch demonstriert werden, da „diese eine sehr intime Handlung für das Kind darstellen und somit ein sensibler und vertrauensvoller Umgang damit erforderlich ist."[386] Sobald das Kind eine sichere Beziehung zu seiner Bezugserzieherin entwickelt hat, ist die Eingewöhnungsphase abgeschlossen.

Aus der knappen Zusammenfassung des pädagogischen Konzepts der Waldkinderkrippe Mooswichtel ergibt sich eine durchgehende Beachtung der bindungstheoretischen Erkenntnisse, die in Verbindung mit dem besonderen pädagogischen Naturkonzept sowohl die sichere Bindung zu einer sekundären Bindungsperson wie auch eine selbständige explorative Entwicklung in einer entspannten Atmosphäre ermöglicht, die Kinder zu starken Persönlichkeiten heranreifen lässt.

Bei anderen Waldkinderkrippen steht – soweit man es ihrem öffentlichen Auftritt entnehmen kann mehr der allgemeine Aspekt der Natur und weniger die Frage der Bindung im Vordergrund. Dennoch verweist z.B. die „Waldkinderkrippe Rieselfeld" darauf, dass ihre Erzieher/innen „sich vor allem als liebevolle

---

383   Ebenda.
384   Ebenda.
385   Ebenda, S. 5.
386   Ebenda, S. 6.

Begleitung der Kinder in ihrem Wachsen"[387] verstehen und dass sie „durch eine ehrliche Kommunikation und Achtsamkeit dem Kind gegenüber ... einen Raum der Geborgenheit und Sicherheit(schaffen), von dem aus die Kinder frei und selbstbestimmt agieren können."[388] Auch diese Formulierungen verweisen auf die grundlegenden Erkenntnisse der Bindungsforschung.

5.5 Freinet-Pädagogik

Die Freinetpädagogik gehört zu den pragmatischen Ansätzen. Sie ist 1920 zunächst als Antwort auf eine persönliche Notsituation von Célestin Freinet entwickelt worden. Der Hilfslehrer Freinet stand als Kriegsverletzter (Lungendurchschuss) vor einer Klasse mit 47 Jungen. Er konnte nicht laut und auch nicht länger andauernd sprechen, und als Alternative überließ er den Kindern stärker das Wort.[389]

Obwohl Freinet von der zeitgenössischen Reformpädagogik beeinflusst war, dominiert doch das Pragmatische in seiner Pädagogik, weshalb sie sich nicht zu einer Lehre oder einem Dogma entwickelt hat. Auf das Unverständnis eines Besuchers, der Freinet entgegenhielt: *Jetzt habe ich schon acht Schulen besucht. Keine gleicht der anderen*", soll dieser geantwortet haben: „*Das ist das schönste Kompliment, das Sie mir machen können.*"[390]

Freinet hat den Kindern nicht nur formal das Wort erteilt, sondern es hat ihn tatsächlich interessiert, was sie wollen und wie er ihnen zu Ausdrucksmöglichkeiten verhelfen kann, die sie zu ihrem eigenen Ich führen. Kennzeichnend für seine Haltung gegenüber Kindern ist sein Vertrauen in ihre Bereitschaft zu lernen, zu arbeiten und auch Verantwortung zu tragen. „Und dass sie das auch *können*: Kinder lernen ganz selbstverständlich und ohne jeglichen äußeren Zwang, wenn sie ihrem eigenen Rhythmus, den eigenen Interessen und Vorlieben folgen können. Leben, Arbeit, Verantwortung und Lernen sind in ihrem subjektiven Erleben ein und dasselbe."[391]

Diese Bereitschaft, Verantwortung an Kinder abzugeben, ist sicherlich auch aus dem sozialen und politischen Engagement Freinets zu erklären, das sozusagen die zweite Wurzel seiner Pädagogik bildet und in einer demokratischen, weitgehenden Selbstorganisation der Kinder weiterlebt.

---

387   http://www.waldkinderkrippe.de/waldkinderkrippe.
388   Ebenda.
389   Vgl. Klein, Lothar (2002) Freinet-Pädagogik im Kindergarten, Seite 9.
390   Ebenda, S. 8.
391   Ebenda, S. 10.

Den Pädagoginnen, die nach Freinet arbeiten, ist ihre kindzentrierte Haltung gemeinsam.[392]

Diese Kindzentrierung haben Freinetpädagoginnen mit anderen pädagogischen Ansätzen, wie der Reggiopädagogik und dem „Offenen Kindergarten" gemeinsam.[393] „Alles andere ist einem fortwährenden Veränderungsprozess unterworfen. Wie im Dialog gehen Freinet-Pädagoginnen davon aus, dass es keine endgültigen Gewissheiten gibt. Deshalb müssen sich Praxis und Theorie der Freinetpädagogik auf der Grundlage kindzentrierter Denkweise immer wieder neuen Erkenntnissen und veränderten praktischen Erfahrungen anpassen und sich mit den Jahren auch sichtbar wandeln."[394]

Ähnlich wie bei der Offenen Krippe (Kindergarten) ist die Enstehung von Freinet-Kitas in Deutschland (in Wiesbaden) auch mit einer Notsituation von Erzieherinnen verbunden: „Wie auf einem Jahrmarkt konkurrieren die Erzieherinnen um die Gunst der Kinder, die sich von Angebot zu Angebot bewegen. Für nichts sind die Kinder selbst verantwortlich. Die Erzieherinnen sind genervt, ständig im Stress, krampfhaft auf der Suche nach neuen Ideen. Die Kinder versuchen, aus dieser Abhängigkeit auszubrechen. Clever entwickeln sie außerhalb der Angebote der Erzieherinnen ihre eigenen Spielideen und Selbstversorgungssysteme. Unablässig sind sie auf der Suche nach Möglichkeiten, etwas selbst in die Hand nehmen zu können. Die Erzieherinnen erleben dies Verhalten als Entmachtung, als Opposition, als Zurückweisung ihrer Bemühungen. Mit einer ziemlich aufreibenden „Feuerwehrpädagogik" versuchen sie, „Herr der Lage" zu bleiben. Sie verwandeln sich in Konfliktmanager, Konfliktlöser, Eingreifer, Regler und immer mehr auch in Bestimmer, immer auf der Hut, immer auf Achse."[395]

Da alle Arten von technischen oder organisatorischen Konfliktregelungen versagten, blieb als Lösung des Problems eine Einstellungsänderung gegenüber den Kindern, die diesen tatsächlich eine Bedeutung zumaß, wodurch „die Erzieherinnen (herausfanden), dass viele Disziplinschwierigkeiten ausbleiben, wenn Kinder an etwas arbeiten können, was ihnen bedeutsam ist."[396]

Auch Kinder unter drei Jahren sind zur Selbstbildung in der Lage und dazu, forschend und entdeckend zu lernen. „Auch sie lernen an „Themen", die dem

---

392 Henneberg, Rosy; Klein, Lothar; Vogt, Herbert (2008) Freinetpädagogik in der Kita. Selbstbestimmtes Lernen im Alltag, Seite 155.

393 Ebenda.

394 Ebenda.

395 Klein, Lothar, 2002, Freinet-Pädagogik im Kindergarten, Seite 13.

396 Henneberg, Rosy; Klein, Lothar; Vogt, Herbert (2008) Freinetpädagogik in der Kita. Selbstbestimmtes Lernen im Alltag, Seite 17.

Leben entspringen und für sie eine persönliche Bedeutung haben."[397] Die Freinetpädagogik geht davon aus, dass die Kinder oft gar kein spezielles Spielzeug
brauchen, sondern sich viel lieber mit Haushaltsgegenständen forschend auseinandersetzen.[398] Kinder wollen das nachahmen, was die Erwachsenen machen
und das geht nur, wenn ihnen auch die echten Gegenstände der Erwachsenen
zur Verfügung stehen. „Kinder experimentieren mit allem, dessen sie habhaft
werden können. Wir wissen, dass Kinder ihre Fragen und Ideen finden, ohne sie
zu suchen. Sie entdecken sie im Alltag, im Leben, wie Freinet sagen würde. Bietet
der Alltag ihnen viel Erfahrungsspielraum, erweitern sich ihre Fragen und Ideen
unermüdlich. Und ganz nebenbei und ohne Programm erwerben sie auch ein
mathematisches Verständnis von der Welt."[399]

Eine realisierte Selbstverantwortlichkeit der Kinder setzt eine sichere Bindung voraus und kann im Grunde auch als eine Art Indikator betrachtet werden,
ohne sichere Bindung wird es auch keine selbsttätige Exploration geben. Die
hohe Selbstverantwortlichkeit der Kinder in der Freinetpädagogik setzt insofern
ein hohes Maß an Bindungssicherheit voraus.

Nach Freinet ist es wichtig, dass Kinder immer die Möglichkeit haben, selbst
zu entscheiden. Auch soll ihnen die Regie über ihre Entwicklungsschritte zu-
kommen.[400] Die Freinetpädagogik nimmt Bezug auf den italienischen Neurolo-
gen und Psychiater Adriano Milano, der bei seinen Forschungen die Fähigkeit
des Säuglings zur Selbstbildung herausgefunden hat.[401] Er ging davon aus, dass
bereits der Fötus und erst recht der Säugling eine Idee und Fähigkeit zum Dialog
in sich trage. Daraus ergibt sich für die Erwachsenen die Aufforderung, den Dialog mit den Kindern in einer Weise aufzunehmen, die bereit ist, verschiedene
Wahrheiten und insbesondere die spezifischen Wahrheiten der Kinder – gelten
zu lassen.[402]

Sie sollten Kindern auch im Dialog die Selbstbestimmtheit über ihre eigene
Entwicklung lassen,[403] „sie respektieren, wenn Kinder zu anderen Schlussfolgerungen gelangen als sie selbst, und versuchen, diese ernsthaft zu verstehen."[404]

---

397 Ebenda, Seite 164.
398 Ebenda, Seite 162.
399 Ebenda, Seite 166.
400 Ebenda, Seite 162.
401 Vgl. Henneberg, Rosy; Klein, Lothar; Vogt, Herbert; Freinetpädagogik in der Kita.
     Selbstbestimmtes Lernen im Alltag (Klett-Kallmeyer), 2008, Seite 139 ff.
402 Ebenda, Seite 140.
403 Ebenda.
404 Ebenda.

Weitere notwendige Verhaltensweisen Erwachsener, die ihre Sichtweise auf das Kind erleichtern, könnten durch die Einsicht in die Begrenztheit des eigenen Wissens gefördert werden, das sich entwicklungsgeschichtlich nur graduell von dem der Kinder unterscheidet. Damit wäre eine wichtige Voraussetzung gegeben, um sich auf offene Lernsituationen einzulassen.[405] Zu den wünschenswerten Verhaltensweisen gehört auch, den Kindern mehr Fragen zu stellen, als ihnen fertige Antworten geben, auch wenn die Aussagen der Kinder oft nicht in ihre Schemata hinein passen[406] und die Aussagen der Kinder so stehen zu lassen.[407] Dies ist nur möglich, wenn man den eigenen Standpunkt verlässt und die Perspektive der Kinder einnimmt.[408]

Eigentlich sind „Erwachsene ...es gewohnt, Kindern Antworten zu geben. Sie besitzen einen Wissens- und Erfahrungsvorsprung und können ihn kaum zurückhalten. Umgehend haben sie auf eine Kinderfrage eine Antwort parat und sind irritiert, wenn ihnen auf eine Kinderfrage wie *„Warum schrumpfen Schafe nicht, wenn es regnet?"* so schnell keine Antwort einfällt."[409]

Es ist natürlich einfacher, die Welt und ihre Phänomene in „richtig" oder „falsch" einzuteilen und Kinder auf vermeintliche Wahrheiten hin zu trainieren. Die Freinetpädagogik ist aber das genaue Gegenteil dieser Pädagogik, die schon in jungem Alter auf Kompetenztraining setzt. Stattdessen bestimmten die Kinder selbst ihren Weg des Lernens und ihre Entwicklung. Ihnen werden nicht von außen bestimmte Erziehungsziele aufgedrückt.

Dabei kommt den Erwachsenen die schwierige Rolle zu, sich einerseits aus der Rolle des „Richters" kindlicher Sprach- und Lebensäußerungen zurückzuziehen, sich aber stattdessen als feinfühlige Beobachter und Dialogpartner einzubringen und zu engagieren.

Die Beobachtung von Kindern unter drei Jahren und die Interpretation ihrer wirklichen Bedürfnisse ist nicht immer ganz einfach, da sie sich sprachlich noch nicht so ausdrücken können wie etwas ältere Kinder. Deshalb erfordert eine Pädagogik, die dem Kind weitgehende Entscheidungs- und Selbstbestimmungsmöglichkeiten einräumen will, zwangsläufig eine Haltung, die durch Gelassenheit, feinsinniges Beobachten der Bedürfnisse des Kindes und geduldiges Zuhören gekennzeichnet ist.

---

405 Ebenda, Seite 141.
406 Ebenda.
407 Ebenda.
408 Ebenda.
409 Ebenda, Seite 147.

Im Grunde zeigt sich hier auch ein Wesensunterschied der beiden pädagogischen Grundrichtungen. Eine Pädagogik, die vor allem auf Ergebnisse ausgerichtet ist, kann leicht den (kleinen) Menschen aus dem Blick verlieren, während eine auf das Kind (den Menschen) selbst ausgerichtete Pädagogik die Ergebnisse nicht missachtet, aber sie erwartet sie in Gelassenheit und im Vertrauen auf die Kraft des jungen Menschen, der seine Ziele für sich findet und sie realisiert. Deshalb ist von der Freinet-Pädagogik auch zu erwarten, dass sie auf die Bindungsbedürfnisse der Kinder aufmerksam wird und sie beachtet.

Die Voraussetzung dafür ist ein Nachdenken der Erwachsenen über sich selbst und „die eigene Haltung zum Kind und die daraus resultierende Beziehung zwischen Kind und Erwachsenem."[410] Obwohl man sich über Rezepte freut, die das Leben erleichtern, „reicht es nicht aus, freinetsche Techniken wie das „Diplom für Werkstätten" oder die „Abmeldetafel" zu kopieren, diese oder andere Techniken in das Methodenrepertoire aufzunehmen, um sich als „an Freinet orientiert" auszuweisen."[411]

5.5.1 Beispiele für Einrichtungen, die sich auf Freinet beziehen

5.5.1.1 Freinet-Kindertagesstätte PrinzHöfte

Die Freinet-Kindertagesstätte PrinzHöfte betreibt seit 2011 eine Krippengruppe für 10 Kinder unter 3 Jahren.[412] Als Prinzipien ihrer Pädagogik verweist die Krippe erstens auf „die Selbstorganisation des Lernens." Als demokratisch organisierte Gruppe bestimmen und planen die Kinder im Wesentlichen die Inhalte ihres Lernens und ihren Tagesablauf selbst.

„Lernen benötigt die innere Bereitschaft, die Offenheit für und das Interesse an den Lerninhalten. Lernen geschieht wie von selbst, wenn es in lebendige Zusammenhänge eingebunden ist."[413]

Das zweite Prinzip wird als „natürliche Methode" bezeichnet, ein „forschendes und entdeckendes Lernen" in einer auf Umweltpädagogik ausgerichteten Umgebung, in der die Kinder „mit möglichst vielen Naturphänomenen in Berührung kommen, die sie zunächst auf ihre Weise erforschen, begreifen, verarbeiten, z.B. die Frösche, Schnecken, die Käfer, die Kräuter, die Bäume, die Haustiere. Dazu

---

410 Klein, Lothar, 2002, Freinet-Pädagogik im Kindergarten, Seite 17.
411 Ebenda, S. 16.
412 http://www.zentrum-prinzhoefte.de/20.html.
413 http://www.zentrum-prinzhoefte.de/51.html.

bietet die naturnahe Umgebung unseres Kindergartens in PrinzHöfte optimale Bedingungen."[414]

Als drittes Prinzip gilt der „freie Ausdruck", der „die Spontanität eines jeden Kindes (meint), die in seine kreativen Aktivitäten umgesetzt wird. Der Ausdruck und das, was sich ausdrücken will, werden als das Wesentliche und Vorrangige gesehen. Die Form ist zunächst nur Mittel zum Zweck. Sie gewinnt erst bei der Präsentation der Arbeiten an Bedeutung, aber auch dort nur als Hilfe zur Vermittlung der Inhalte."[415]

Insgesamt wird die Freinet-Pädagogik von der Einrichtung als Chance „für lebendiges, lustvolles Lernen und die Entwicklung der Persönlichkeit"[416] gesehen.

Aus dem Internet-Auftritt der Krippe kann natürlich nicht auf die Realität selbst geschlossen werden, aber die Aussagen sind in sich widerspruchsfrei und entsprechen auch den Intentionen Freinets.

5.5.1.2 Freinet-Kinderhaus Benjamin Blümchen

Das Freinet-Kinderhaus Benjamin Blümchen in Görlitz verfügt über 26 Krippenplätze.

Die knappe Selbstdarstellung des Kinderhauses steht ebenfalls nicht im Widerspruch zur Freinet-Pädagogik und lässt deshalb eine bindungsorientierte Ausrichtung erwarten, obwohl nicht ausdrücklich darauf verwiesen wird: „Wir nehmen Kinder ernst, lassen sie zu Wort kommen und sich selbst verwirklichen. Wir treten mit den Kindern in einen Dialog. Sie erfahren Akzeptanz und können Leistungsfähigkeit entwickeln. Wir bieten Kindern die Möglichkeit, Verantwortung für alltägliche Aufgaben und Tätigkeiten zu übernehmen. Sie entwickeln Selbstbewusstsein und Selbstständigkeit, in dem sie z.B. Frühstück und Vesper vom Einkauf bis zur Mahlzeit selber zubereiten, unsere Haustiere versorgen oder Telefonate für ihre Projekte selber tätigen. Durch „Tastendes Versuchen" sind Kinder stets beim Arbeiten in den Ateliers oder bei Projekten/Angeboten in ihrem Selbstfindungsprozess gefördert."[417]

414   Ebenda.
415   Ebenda.
416   http://www.zentrum-prinzhoefte.de/34.html.
417   https://portal.little-bird.de/Goerlitz/Freinet-Kinderhaus-Benjamin-Bluemchen.

5.5.1.3 Freinet-Kita in Anklam[418]

Die Freinet-Kita in Anklam betreut mit 20 Erzieherinnen 234 Kinder zwischen 6.00 Uhr und 20:30 Uhr. Ihr sehr knappes „Konzept" drückt die Kita mit Freinets Grundsätzen aus: *„Das bin ich! Das kann ich! Das tue ich gemeinsam mit anderen!"*

Unter der Überschrift „pädagogische Ansätze" werden Werkstätten, der Kinderrat, der Tag der offenen Tür, regelmäßige Kinderkonferenzen, der Knirpsentreff, die Kitazeitung und anderes aufgeführt.

Wenn die Kita schreibt: „Der Kinderrat wird von den Kindern selbst gewählt und *so* können die Kleinen *auch* Entscheidungen und Kinderrechte *mitbestimmen*. Durch *regelmäßige* Kinderkonferenzen in den Gruppen, erhält jedes einzelne Kind *diese* Gedanken- und Meinungsfreiheit (Hervorhebungen v. d. Verf.)," so bedeutet der Wortlaut eigentlich, dass die von Freinet geforderte Freiheit des Ausdrucks hier auf „Mitbestimmung" statt weitgehender Selbstbestimmung der Kinder reduziert ist. „Regelmäßige Kinderkonferenzen" sind auch etwas Anderes als tägliche Ausdrucksfreiheit, wobei das Demonstrativpronomen (diese) die Einschränkung der Gedanken- und Meinungsfreiheit noch betont.

Diese Ausrichtung auf Gremien, statt auf die Kinder selbst, in Verbindung mit der Größe der Einrichtung, der langen Betreuungszeit und der Betonung der verschiedenen technischen Möglichkeiten in der Kita (Musikwerkstatt, Koch- und Backwerkstatt, Druckerei, Töpferei, Bibliothek, Ersthelferwerkstatt, Theaterwerkstatt) führt zu der Frage, ob die Selbstbestimmung der Kinder im Sinne Freinets wirklich im Mittelpunkt steht oder ob hier nicht austauschbare technische und demokratische Formen an die Stelle der Substanz der Pädagogik von Freinet getreten sind.

5.6 Pädagogik nach Emmi Pikler

Emmi Piklers Pädagogik ist weniger aus programmatischen Grundsätzen entstanden, sondern aus ihrer Erfahrung als Kinderärztin und Mutter, und sie war als Antwort gedacht auf unzureichende Gegebenheiten in der Kinderbetreuung in der Zeit vor dem 2. Weltkrieg bis weit danach.

Sie ist überzeugt davon, dass Kinder die Kraft zu einer selbständigen Entwicklung in sich tragen, wenn die erwachsene Umwelt bestimmte Grundsätze beachtet. Im Gegensatz zu verbreiteten Ansichten sieht sie die ständige körperliche

---

418   http://www.asb-ovp.de/index.php?id=10 Alle folgenden Zitate stammen von dieser Seite.

Nähe von Kleinstkindern zu ihrer Mutter, wie Forscher sie bei der Begegnung mit Naturvölkern beobachtet haben, nicht nur positiv,[419] obwohl Kinder wie Mütter ruhig und gelassen wirkten und die[420] Kinder später kaum Schwierigkeiten hatten, sich in die Stammesgesellschaft zu integrieren.[421]

„Daraus folgerten viele, dass man gegen die „Entfremdung" vorgehen und den Grundstein zu einer dauerhaften, engeren, menschlichen Beziehung legen müsse, indem man diese uralten, der Natur näheren Bräuche der Säuglingspflege und des Familienlebens in die zivilisierte Gesellschaft überträgt"[422] und dass Mütter ebenso wie bei den Naturvölkern ihre Kinder mit einem Tuch am Körper tragen und sie, wenn sie weinen, an der Brust der Mutter stillen, um das Kind zu beruhigen.[423]

Dagegen sollte die Beziehung zwischen Kind und Erwachsenem nach Emmi Pikler geprägt sein von der Achtung vor der Selbsttätigkeit und Kompetenz des Kindes, das deshalb in seiner Selbsttätigkeit unterstützt werden sollte. Wenn das Kind z.B. trinkt, so kann die Bezugsperson von unten das Glas festhalten, während das Kind oben mit seinen Händen das Glas mit Milch festhält, so dass es in seiner Selbsttätigkeit gestärkt wird.

Einer Übernahme von Bräuchen, wie dem ständigen Tragen der Kinder am Körper der Mutter in einem Tuch, steht Emmi Pikler skeptisch gegenüber und meint, dass sich Bräuche von Naturvölkern nicht auf unsere Welt übertragen ließen.

In ihrem Buch: „Friedliche Babys – zufriedene Mütter" führt sie aus, dass dem Kind für den Beziehungsaufbau mit Erwachsenen Raum gegeben werden sollte für seine eigene Entwicklung und dass es nicht ständig gestört werden und mit Aufmerksamkeiten abgelenkt werden sollte, denn das Kind gewöhnt sich so bald daran, ständig Mittelpunkt des Geschehens zu sein und wird nun stets versuchen, die Aufmerksamkeit der Erwachsenen auf sich zu ziehen. Es braucht auch nicht ständig zum Spielen angeregt und damit einer Reizüberflutung ausgesetzt werden, da es sich damit von seinen eigenen Bedürfnissen und seiner Eigenaktivität entfernt. Denn es benötigt auch ruhige Phasen der Eigenaktivität und sollte darin nicht gestört werden. Nach Emmi Pikler müssen Erwachsene

---

419 Vgl. Pikler, E.; Tardos, A. u.a. (2013) Miteinander vertraut, Wie wir mit Babies und kleinen Kindern gut umgehenein Ratgeber für junge Eltern, Seite 17.

420 Vgl. Ebenda, Seite 17.

421 Vgl. Ebenda, Seite 17.

422 Vgl. Ebenda, Seite 17.

423 Vgl. Ebenda, Seite 18.

das Kind als Subjekt, und nicht als Objekt begreifen und versuchen, es wirklich zu verstehen.

„Wir müssen beobachten, fühlen und denken, uns in die Welt des Kindes einfühlen, einleben."[424] Die Eltern müssen versuchen, ihr Kind kennen zu lernen, denn kein Kind ist wie das andere. „Bei jedem Kind ist die Situation anders. All das kann man nicht aus Büchern erlernen, auch das Kind des Nachbarn oder der Freundin kann uns nicht als Beispiel dienen, und kaum die Erinnerung an unsere eigene Kindheit."[425]

Kind und Mutter bauen eine Beziehung zueinander auf, indem sie sich gegenseitig kennenlernen. „Um das Kind unsere Liebe fühlen zu lassen, müssen wir es nicht verwöhnen. Wir müssen es nur kennenlernen, gut beobachten, bemerken, wie und was ihm gut tut und was schlecht für es ist. Nur das ist die Grundlage eines gesunden, friedlichen, innigen Verhältnisses zwischen Mutter und Kind. Mehr muss nicht für es getan werden, das übrige folgt von selbst."[426]

Es sei wichtig, dass die Eltern lernen, auf die wirklichen Bedürfnisse des Kindes zu schauen.

„Sehr oft handeln Mütter aber ganz anders: Wenn das Neugeborene zu weinen beginnt, springen sie einer mechanischen Routine folgend auf, und anstatt zu versuchen, den Grund des Weinens zu erforschen, nehmen sie das Kind auf, legen es trocken, gehen mit ihm auf und ab, wiegen es, singen, wollen es einfach beschwichtigen und übersehen dabei die wirkliche Hilfe, die es bräuchte. Näher betrachtet: Worin besteht eigentlich diese Art des Beschwichtigens?

Man trägt das Neugeborene auf und ab, wiegt es. So werden weder seine eventuellen Schmerzen, noch seine kleineren Unbequemlichkeiten behoben, wenn es friert oder ihm zu warm ist usw., noch wird sein schlechtes Allgemeinbefinden gebessert. Doch es wird still, falls der Grund seines Unbehagens nicht zu heftig ist. Der Säugling wird still, er wird ein wenig betäubt. An diese leichte Betäubung gewöhnt er sich, und mit der Zeit wird diese für ihn zur Lebensnotwendigkeit wie dem Raucher das Nikotin, dem Alkoholiker sein Getränk. Er kann und will nicht darauf verzichten."[427]

Piklers kritische Haltung zum Tragen der Kinder erschließt sich also aus diesem Zusammenhang einer Reaktion der Umwelt auf die Symptome, nicht aber die Ursachen kindlichen Unwohlseins. Die Kehrseite dieser Haltung, das Kind

---

424 Pikler, Emmi (2011) Friedliche Babys – zufriedene Mütter, Pädagogische Ratschläge einer Kinderärztin, Seite 58.
425 Ebenda, Seite 59.
426 Ebenda, Seite 60.
427 Pikler, Emmi (2011), S. 15.

ruhig zu halten, ohne die Ursachen seiner Unruhe zu erforschen, besteht in der ständigen Intervention von Erwachsenen in die Welt des Kindes. Beide Arten des Eingreifens haben aber ihre Ursache darin, dass das Kind nicht in seiner Eigenständigkeit als Subjekt gesehen wird, sondern als Objekt erwachsener Ängste oder Eitelkeiten. Emmi Pikler dagegen fordert ebenso wie Montessori, dass man den Säugling so wenig wie möglich stören sollte[428], ihn vielmehr mit zurückhaltender Achtsamkeit behandeln und versuchen sollte, die wirklichen Bedürfnisse des Säuglings herauszufinden. Man sollte ihm Raum für seine eigene Entwicklung lassen und ihn nicht einer ständigen Reizüberflutung aussetzen. Anstatt das Kind in den Mittelpunkt aller zu stellen und ihm „keine freie Minute" zu lassen, sollte das Kind sensibel beobachtet und behandelt werden, voller Geduld, Gelassenheit, Feingefühl und achtsamer Zurückhaltung. So kann eine sichere Bindung entstehen, nicht durch das nachfolgende Beispiel groben, unsensiblen Verhaltens. „Man umsteht ihn, er wird herumgezeigt, betastet, geküsst, gewiegt, herumgetragen. Man pfeift, schmatzt, babbelt, springt um ihm herum. Später werden Versuche mit ihm angestellt: „Was kann das Baby schon?" Man versucht, ob es hört, wenn man zu ihm spricht. Ob es die verschiedenen glänzenden, funkelnden Gegenstände (Ketten u.ä.) sieht. Ob es bewegten Gegenständen mit den Augen folgt. Ob es lacht, wenn man es kitzelt. Als ob all das im Laufe des alltäglichen Lebens des Kindes nicht beobachtbar wäre."[429]

Erwachsene sollen Ruhe, Geduld und Gelassenheit gegenüber dem Kind aufbringen und nicht in der Gegenwart des Kindes ständig über es sprechen und alles kommentieren anstatt zu ihm zu sprechen,[430] damit sich das Kind nach seinen eigenen Gesetzen entwickeln kann.

Eine genaue, feinsinnige Beobachtung der Kinder durch die erwachsenen Bezugspersonen wird für das Kennenlernen des Kindes und seiner Bedürfnisse als grundlegend erachtet.

Auch sollten die Erwachsenen liebevoll mit dem Kind umgehen und ihm Sicherheit geben. „Die Liebe, die Sorgfalt muss das Kind umgeben wie ein angenehmes, gleichmäßiges, warmes Bad. Das Kind soll, auch wenn wir nicht neben ihm sind ständig fühlen, dass wir es lieben, dass es sich in Sicherheit befindet, dass wir auf es achtgeben damit ihm nichts Schlimmes zustößt."[431] Damit sind im pädagogischen Konzept Piklers die grundlegenden Bedingungen für die Entwicklung einer sicheren Bindung gegeben, ohne dass dieser Begriff verwendet wird.

---

428 Ebenda, Seite 17.
429 Ebenda, Seite 52.
430 Ebenda, Seite 53.
431 Pikler, Emmi (2011) S. 58.

Auch bei der erwünschten Wirkung einer sicheren Bindung, dem explorativen Verhalten des Kindes, vermeidet Pikler die Dominanz von Vorgaben der Erwachsenen. Bei der Exploration der Welt können auch Gebrauchsgegenstände, wie Schachteln, alte Bürsten, kleine Kochtöpfe Lieblingsspielsachen des Kindes sein und es muss kein extra gefertigtes Spielzeug sein und ihm sollte Raum für selbsttätiges Forschen gegeben werden.[432] Denn „ein Kind, das durch selbständige Experimente etwas erreicht, erwirbt ein ganz andersartiges Wissen, als eines, dem dem die Lösung fertig angeboten wird."[433]

Die Prinzipien der Pikler-Pädagogik, die selbständige Aktivität des Kindes auf der Basis einer sicheren Bindung zuzulassen und zu fördern, verwirklichen sich besonders in den Bereichen der Pflege, der freien Bewegungsentwicklung und des Spiels.[434]

Das folgende Beispiel zeigt, wie ein Vorgang, der traditionell als notwendiges Übel der kindlichen Entwicklung angesehen wird, den man so schnell wie möglich hinter sich bringen möchte, durch das sensible und einfühlsame Verhalten der Erzieherin zum Gegenstand eines gleichberechtigten Dialogs wird, in dem das Kind nicht zum Objekt wird und seine Subjektivität behält:

„Erzieherin: „Mia, ich möchte dich gerne wickeln. Magst du mitkommen?" Mia schaut die Erzieherin kurz an und wendet sich wieder ihrem Holzring zu. Erzieherin: „Ich sehe du magst noch etwas spielen. Dann komme ich gleich noch einmal wieder. Die Erzieherin erkennt, dass Mia gerade lieber weiterspielen möchte als mit zum Wickeln zu kommen, sie lässt ihr Raum für eigene Entscheidung. Nach wenigen Minuten geht die Erzieherin wieder auf Mia zu und sagt: „Mia ich werde dich jetzt wickeln. Diesmal formuliert sie ihr Anliegen als Tatsache. Mia steht auf, läuft zum Wickeltisch und klettert alleine hinauf. Oben angekommen lacht sie und hüpft einmal auf der Stelle. Der Wickeltisch ist mit einem Wickelaufsatz versehen, der an drei Seiten von einem Gitter gesichert ist, damit sich die Kinder daran festhalten können. Die Erzieherin lächelt und sagt: „Du bist alleine hochgeklettert und freust dich. Ich ziehe dir jetzt deine Hausschuhe aus und beginne mit dem linken Fuß. Mia bleibt stehen, hält sich am Wickelaufsatz fest und streckt der Erzieherin den Fuß hin. Da die Erzieherin immer mit diesem Fuß beginnt, weiß Mia genau, welcher Schuh zuerst an der Reihe ist. Mia schaut genau, wo die Erzieherin die Schuhe hinlegt. Erzieherin: „Ich lege die Schuhe hier hin, damit wir sie dann später wieder anziehen können. Mia nickt; dann versucht sie ihre Hose auszuziehen, die

432 Ebenda, Seite 73.
433 Ebenda.
434 Neuß, Norbert Hrsg. (2011) Grundwissen Krippenpädagogik. Ein Lehrund Arbeitsbuch, S. 61 ff.

aber nicht über die Windel rutschen mag. Die Erzieherin wartet kurz ab und bietet Hilfe an, als Mia nicht mehr weiterkommt. Gemeinsam ziehen sie die Hose aus und Mia lacht, als sie damit fertig sind. Mia sagt: „Da", und zeigt auf ihr Bein. „Das ist dein Bein es ist jetzt nackt. Mia hält sich am Wickelaufsatz fest und schaut zu den spielenden Kindern. Die Erzieherin sagt ihr, dass sie jetzt die Windel aufmachen wird. Mia schaut kurz runter zur Windel. Die Erzieherin zeigt ihr den Inhalt der Windel: „Du hast Pipi in der Windel. Mia schaut, zeigt darauf und freut sich. Die Erzieherin legt die Windel beiseite, nimmt einen feuchten Lappen und zeigt ihn Mia: „Ich werde dich jetzt sauber machen. Hier hab ich schon einen Lappen vorbereitet. Mia sieht das Tuch und hebt das Bein. Die Erzieherin macht sie sauber. Sie hat zwei Windeln bereitgelegt, die sie Mia zeigt: „Welche Windel magst du haben die mit dem Hasen oder die mit der Katze?" Mia greift nach der Windel mit dem Hasen und zeigt ihn der Erzieherin. „Du magst heute die Windel mit dem Hasen. Mia nickt und lacht."[435]

Bei den Prinzipien der freien Bewegung und des Spiels gilt ebenfalls der Grundsatz der Selbständigkeit, der Vorgaben weitgehend ausschließt, da alle Eingriffe von Erwachsenen Kinder eher unsicher und hilflos werden lassen statt selbsbewusst und sicher.

Auch bei der Bewegung setzt sie darauf, dem Säugling die Möglichkeit zu bieten, „sich seinen Anlagen entsprechend zu bewegen", denn, „die Frage ist nämlich nicht, wie man den Säugling mit irgendwelchen künstlich konstruierten, findig ausgeklügelten, komplizierten Maßnahmen, mit Turnen und Gymnastik „unterrichten" soll, sich richtig und gut zu bewegen."[436]

Zur Illustration dieser Aussagen hat Emmi Pikler mehrere Folgen von Fotos in ihre Schrift „Friedliche Babys-zufriedene Mütter" aufgenommen, die bestimmte Phasen der Bewegungsentwicklung bei Kleinkindern illustrieren: I. Auf dem Rücken liegend, II. Drehung aus der Rückenlage in die Seitenlage, III. Bauchlage, IV. Das sich Auf-Setzen, V. Das sich Aufstellen und der Beginn des Gehens. VI. Kriechen auf dem Bauch, auf allen Vieren, „Turnen."[437] In ihren Anmerkungen zu den Bildern fordert Pikler die Leser dazu auf, „nicht bloß die Körperhaltung und die Bewegung, sondern in erster Linie jenen inneren seelischen Inhalt zu suchen jenes ruhige, geduldige, aufmerksame Interesse, das selbständige Streben den der Gesichtsausdruck und die Haltung der Kinder verraten. Das eine oder andere der Kinder lacht in sich hinein oder lächelt auf

---

435 Ebenda, S. 62.
436 Pikler, Emmi (2011) Friedliche Babys-zufriedene Mütter, Pädagogische Ratschläge einer Kinderärztin, S. 23.
437 Ebenda, S. 142–223.

den Bildern …, der Gesichtsausdruck der Mehrzahl ist aber eher nur heiter, ruhig, fröhlich, zufrieden …Auf einigen sieht man sogar auch einen ganz ernsten
„strengen" Gesichtsausdruck …. der Arbeit, der Aufmerksamkeit, dem großen
Interesse, dem Eifer entspricht der ernste oder höchstens der heiter, zufrieden
lächelnde Gesichtsausdruck."[438] Als unbeteiligter Betrachter kann man diese
Aussagen nur unterstreichen. Es ist wirklich faszinierend, welche innere Kraft
aus den Gesichtern der Kinder spricht. Die Aufnahmen sind zwischen 1940 und
1951 entstanden, und Emmi Pikler konnte den weiteren Lebensweg der Mehrheit der abgebildeten Kinder bis in die Erwachsenenzeit und die Zeit der eigenen
Elternschaft verfolgen: „Meiner Erfahrung nach haben diese Kinder die an ihre
Erziehung geknüpften Erwartungen erfüllt. Viele unter ihnen betreiben abstrak-
tes Denken erforderndne intellektuelle Berufe. Im Allgemeinen wurden aus ihnen
verständige, sich gut anpassende, ihren Eltern und später ihren Kindern zuge-
tane, aber nicht an ihnen klebende, gute Kinder, Familienmütter und -väter."[439]

5.6.1 Beispiele von Pikler-Krippen

5.6.1.1 Kindertagesstätte Regenbogen[440]

Das pädagogische Konzept folgt Emmi Pikler, die nach Aussage der Krippe „den
Wert der Eigenaktivität und autonomen Bewegungsentwicklung des Kindes für
seine Persönlichkeitsentfaltung erkannt (hat). Im freien Spiel entwickelt es u.a.
Selbstvertrauen, Geschicklichkeit und Ausdauer und erlebt seine Kompetenz.
Der Name Emmi Pikler steht für einen Bewusstseinswandel im Umgang mit
dem Säugling und Kleinkind. Das Kind wird als Mensch und Partner ernst genommen. Statt es einfach nach unseren Vorstellungen zu fördern, zu motivieren
oder zu beschäftigen geht es darum, mit ihm in einen wirklichen Kontakt zu
treten – mit ihm vertraut zu werden und eine auf Achtsamkeit, Einfühlungsvermögen, Liebe und Respekt beruhende Beziehung aufzubauen. Sein Bedürfnis
nach Geborgenheit wird durch liebevolle Zuwendung und ungeteilte Aufmerksamkeit befriedigt. Das wirkt sich neben dem allgemeinen Umgang auch stark
auf die Pflege aus. Schon dem Säugling wird ein Mitwirken bei den Pflegehandlungen ermöglicht, was ihn zunehmend zur Kooperation befähigt."[441]

---

438   Ebenda, S. 135.
439   Ebenda, S. 133.
440   http://www.ortefuerkinder.ch/?page_id=49.
441   Ebenda.

Die Krippe bietet Blockzeiten zwischen 7.45 Uhr und 18.30 Uhr an und „noch längere Öffnungszeiten von 7.00 Uhr bis 20.30 Uhr,"[442] in Kleinkindgruppen (bis 2,5 Jahre) von acht Kindern „mit 3 statt 2 Betreuerinnen", die gut ausgebildet sind[443] und an Weiterbildungen teilnehmen und sich ausschließlich auf die Kinder konzentrieren."[444]

Sie arbeiten keine 42-Stunden-Vollzeit, sondern 65% davon in zwei Schichten (Vormittag – Nachmittag), wodurch Kinder immer dieselben Ansprechpartner haben, „was zu stabileren Bindungen führt." Durch die Teilzeit „sind unsere Erzieherinnen weniger gestresst, was Ihren Kindern zugute kommt." Die Gruppen arbeiten als Tandems zusammen.

Unter dem Stichwort „Frühkindliche Bildung" wird das Konzept formuliert als die „altersgerechte Förderung der sozialen, emotionalen, sprachlichen und geistigen Fähigkeiten der Kinder," die als „aktive Wesen" gesehen werden, „die sich von Geburt an mit ihrer sozialen und gegenständlichen Umwelt auseinandersetzen und ihre eigene Entwicklung mitbestimmen." Vor allem im Spiel wird die Form gesehen, wie Kinder „selbstbestimmt lernen" und „die eigene Neugier befriedigen." Ein „Mix aus freiem und geleitetem Spiel" soll bei den Kindern „Interesse, Durchhaltevermögen und Anstrengungsbereitschaft" erzeugen. Indem die Autoren der konzeptionellen Vorstellungen zudem betonen: „Die grundlegenden Fähigkeiten lernen Kinder in der Kita: Reden, Laufen Selbständigkeit. Hier werden Grundsteine fürs Leben gelegt," ergibt sich doch die Frage, ob dieses Konzept in vollem Umfang mit Piklers Vorstellungen übereinstimmt. Zunächst einmal sind Interesse, Durchhaltevermögen und Anstrengungsbereitschaft nicht das Ziel pädagogischen Einwirkens, sondern sie sind auf natürliche Weise in den Kindern vorhanden und bilden so die Voraussetzung oder Grundlage der Kleinkindpädagogik.

Die Erzieherin kann sich darauf verlassen, dass diese Eigenschaften in Kindern vorhanden sind, sie muss sie nur bemerken, zulassen, nicht stören und soweit notwendig fördern. Analog zu dieser Verschiebung von Ursache und Wirkung könnte auch die Aussage gesehen werden, dass Kinder die grundlegenden Fähigkeiten in der Kita „lernen". Damit wird die eigenständige Leistung der Kinder im Grunde der Einrichtung zugute geschrieben. Aus den Angaben der Krippe lässt sich erschließen, dass sie Kinder mit Sicherheit sehr aufmerksam und umsichtig

---

442 Dieses Zitat und die folgenden im Abschnitt stammen von der Seite: http://www. ortefuerkinder.ch/?page_id=18.

443 „Wir legen bei der Auswahl unserer MitarbeiterInnen grossen Wert auf Kenntnisse der frühkindlichen Bildung."

444 „Unsere Erzieherinnen müssen nicht nebenbei noch putzen oder kochen."

betreut, aber die zuletzt angeführten Aussagen deuten andererseits auch darauf hin, dass eine pädagogische Einrichtung für Kleinstkinder glaubt, sich als „Bildungsinstitut" präsentieren zu müssen, während nach Emmi Pikler ihre einzige Aufgabe darin bestünde, die Selbstbildungskräfte der Kinder zu erkennen und zu fördern. Es ist eigentlich eine ganz unspektakuläre Aufgabe, Kinder auf ihrem Weg zu begleiten und ihnen sehr behutsam zur Seite zu stehen, soweit dies notwendig ist. Deshalb entwickelt sich auch ein kritischer Vorbehalt, wenn die Krippe schreibt: „Unsere Kinder machen regelmäßige Ausflüge an besondere Ziele. Mal geht's auf einen Bauernhof, dann in ein Museum oder einfach in den Wald. Unseren Kids wird's sicher nicht langweilig." Wenn die Krippe es als notwendig ansieht, dem Verdacht von Langeweile durch den Hinweis auf „spektakuläre" Unternehmungen vorzubeugen, so könnte gerade dies ein Indiz dafür sein, dass in der täglichen Arbeit nicht alles so ist, wie es sein sollte und wie es den Forderungen Emmi Piklers entsprechen würde.

5.6.1.2 Die Baby-Krippe am Schlump in Hamburg-Eimsbüttel[445]

Das vorgestellte Konzept ist „als Anfangskonzept gedacht, das vom Träger und den Mitarbeitern anhand der Praxiserfahrungen in der Krippe weiter zu entwickeln ist." Die Einrichtung lehnt sich an die Prinzipien von Emmi Pikler und Magda Gerber an und verdeutlicht dies durch ein Zitat (Petrie, S. Owen, S. „Authentische Beziehungen in der Gruppenbetreuung von Säuglingen und Kleinkindern" Arbor 2006): *„Wir haben das Grundvertrauen, dass der Säugling ein Initiator ist, ein Forscher, begierig darauf, zu lernen, was er schon lernen kann. Wir sorgen für eine Umgebung, die für den Säugling physisch sicher, kognitiv anregend und emotional nährend ist. Wir geben ihm viel Zeit für ungestörtes Spielen. Wir bringen ihm nicht bei, wie man sich bewegt oder wie man spielt, sondern beobachten ihn vielmehr aufmerksam um seine Mitteilungen und Bedürfnisse zu verstehen. Bei der Durchführung von Pflegeaktivitäten Wickeln, Füttern, Baden, Anziehen usw. ermuntern wir selbst den winzigsten Säugling dazu, bei den Aktivitäten aktiv mitzumachen, statt sie nur passiv zu erdulden."*

Entsprechend den Vorstellungen Piklers wird auf den Raum als „dritter Erzieher" verwiesen, der „die Bedeutung der Selbstbildungsprozesse von Kindern" gewährleisten soll durch Anregungen zum Bewegen, „aber auch die Möglichkeit des Rückzugs."

---

445 http://www.baby-krippe.de/konzhp.html Alle Zitate in diesem Abschnitt entstammen der Web-Seite und sind nicht gesondert gekennzeichnet.

Zum Raumkonzept gehören auch „eine angemessene Ausgestaltung der Nass-räume" sowie „gute Möglichkeiten für den Aufenthalt von Erwachsenen in jedem der Räumlichkeiten (z.B. Sessel, Sofa, o. ä.)" als eine „Rückzugsmöglichkeit, die zum wahrnehmenden Beobachten oder anderem genutzt werden kann." Ausführlich wird auch auf die „Natur als Raum" eingegangen und die sich daraus ergebenden Entwicklungsmöglichkeiten an natürlichen „Spielmaterialien und Spielzeug" für das kindliche Spiel.

Die Frage der Bindung zu Bezugspersonen in der Krippe sowie zu den Eltern wird durch eine Eingewöhnungsphase nach dem „Berliner Modell" berücksichtigt. Angestrebt wird in diesem Zusammenhang, dass die Eltern die Möglichkeit haben, „das „wahrnehmende Beobachten" zu erleben, zu erlernen und zu erfassen. Dies ist von besonderer Bedeutung, da diese Methode in unserer Krippe angewandt werden wird."

Weiterhin wird die Frage der Bindung bei der Pflege thematisiert, die „beziehungsvoll und altersangemessen sein" sollte, bei einer Betreuung „eins zu eins", „um dem Beziehungsaspekt entsprechend Rechnung zu tragen."

Als „Schwerpunkte" der Einrichtung wird auf Musik (Musizieren), Bewegung, die Zusammenarbeit mit den Eltern als „die aktive und bewusste Beteiligung der Eltern am Bildungsprozess ihrer Kinder" und die Beziehung als „die Basis unserer Arbeit, auf der alles stattfinden kann," verwiesen.

Dieses – stark verkürzt – wiedergegebene Konzept steht nicht im Widerspruch zu den Auffasungen Emmi Piklers, es geht von einem gesunden Realismus aus und man kann sich vorstellen, dass sich bei seiner behutsamen Umsetzung die Kinder gut entwickeln werden und dass insgesamt positive Beziehungen zwischen allen Beteiligte entstehen werden.

Darauf lässt auch die Alltagsrealität in der Krippe schließen: 22 Kinder, die bei der Aufnahme zwischen 2 und 12 Monate[446] alt sind, werden zwischen 07:30 und 16:30 Uhr betreut. Der Betreuungsschlüssel liegt während der Eingewöhnungsphase bei 1:1, bis zum Alter von ca. 14 Monaten bei 1:3, dann bis zum Ende des 3. Lebensjahres bei 1:5.[447] An Räumen stehen Kindern und Erziehern 112 m² als Basis zur Verfügung sowie weiter 60 m² an Fachräumen und zusätzlich Garten- und Spielplatzflächen.[448]

---

446 Dieser frühe Aufnahmezeitraum, wenn er überhaupt sinnvoll ist, erfordert eine besondere Aufmerksamkeit von Seiten aller Betroffenen.

447 Vgl. http://www.baby-krippe.de/strukthp.html.

448 Vgl. http://www.baby-krippe.de/raumhp.html.

5.7 Bindung im offenen Kindergarten[449]

Der offene Kindergarten entwickelte sich in den 70er Jahren des 20. Jahrhunderts aus bestehenden Missständen in Kindergärten. Die Kindergruppen waren groß und mussten von ein bis zwei Erzieherinnen betreut werden. In dieser Situation „öffneten Teams aus Not ihre viel zu engen Gruppenräume, in denen nicht selten mehr als 23 Kinder ihren Kindergartentag verbringen sollten".[450] Durch diese Öffnung „wurden die Spielorte und –möglichkeiten viel attraktiver. Flure oder bisher ungenutzte Räume waren nicht tabu, so dass die Kinder großräumiger und ungestörter spielen könnten. Andererseits erweiterten sich die Wahlmöglichkeiten, denn nun könnten die Kinder auch die Beziehungen zu anderen Kindern und zu den Erzieherinnen gestalten, könnten selbst entscheiden, wo, mit wem und was sie spielen wollten, konnten ihre Bezugspersonen auswählen."[451] Daraus entstand wiederum ein Zwang zur Reflektion der Situation und im Rahmen einer Zeit, „in der das Interesse an gesellschaftlichen Veränderungen groß war,"[452] wurde das Bild der Erzieherin und ihre neue Rolle im Zusammenleben mit den Kindern"[453] in Frage gestellt und einer Revision unterzogen. „Die Erzieherin wird „entthront" und muss für sich neu bestimmen, worin ihre Aufgabe und ihre Bedeutung für die Kinder liegen,"[454] denn die Auflösung des „(Groß-)Gruppenverbandes"[455] machte das „Prinzip der gruppenraumbezogenen Pädagogik" überflüssig, das „mit Geborgenheit, Sicherheit, Überblick und Orientierung gleichgesetzt"[456] wird.

---

449 Das Konzept des offenen Kindergartens bezog sich zunächst nur auf das klassische Kindergartenalter, inzwischen werden aber auch offene Krippen angeboten. Vgl. dazu unten.

450 Braun, Regina; Dörfler, Mechthild, Geschichte(n) der Offenen Arbeit in: Gruber, Rosemarie; Siegel, Brunhild, Hrsg. (2008) Offene Arbeit in Kindergärten. Das Praxisbuch, S. 29 Vgl. auch. Regel, Gerhard, Grundlegende Aspekte, in: Gruber, Rosemarie; Siegel, Brunhild, Hrsg. (2008) Offene Arbeit in Kindergärten. Das Praxisbuch, S. 35: „In der traditionellen Kindergartenarbeit sind in der Regel für 20 bis 25 Kinder zwei Bezugspersonen vorgesehen."

451 Ebenda, S. 24.

452 Ebenda, S. 25.

453 Ebenda, S. 27.

454 Ebenda.

455 Ebenda.

456 Ebenda, S. 26.

Die Öffnung der Räume war also aus der Not geboren, und die theoretische Begründung rückte „erst danach stärker in den Mittelpunkt[457]," wobei auch die Gefahr gesehen wurde, dass das Konzept der Offenen Arbeit „zum Sparmodell"[458] werden könnte.

Das heutige Konzept des Offenen Kindergartens[459] ist stark auf das Befinden der Kinder ausgerichtet. Sie sollen sich willkommen fühlen, der Anfang soll ihnen so angenehm wie möglich gestaltet werden, das „Bedürfnis nach Liebe muss also zuallererst erfüllt sein."[460]

Es soll „Raum für authentische Bedürfnisse" geschaffen werden, und die Aufmerksamkeit der Erzieher/innen wird auch vor allem auf ihre Bindungsbereitschaft gelenkt werden als Sicherheitsbasis für die Kinder. Regel betont, dass Bindung ein „wechselseitiger Prozess" ist, der von den „Erfahrungen mit den ersten Bezugspersonen des Lebens"[461] geprägt ist.

Zur Illustration der bei Erzieher/innen notwendigen Haltung beschreibt Regel seine eigene Beziehung zu einem Mädchen im Kindergarten, das zunächst sehr unauffällig und unproblematisch wirkte. Vor dem Hintergrund der Bindungsforschung kann man aber annehmen, dass bei ihr eine gestörte Bindung vom Typ der unsicher-vermeidenden Bindung vorlag, ohne dass Regel diesen Begriff verwendet. Dabei wird deutlich, wie die veränderte, aufmerksamere und feinfühligere Haltung des Erziehers zu einem veränderten Verhalten des Mädchens führt, die eine Bindungsbereitschaft entwickelt, weil sie sich beachtet und akzeptiert fühlt und wusste, dass jemand da war, der ihre Bindungswünsche erwiderte, so dass sie sich auch im Verhältnis zu anderen Kindern zu einer „selbstbewussten Spielpartnerin"[462] entwickelte.

Kinder sollen in einer entspannten Atmosphäre zu ihrer „Spontanaktivität"[463] finden, die durch eine Reihe von Eigenschaften definiert wird. Ihnen allen ist gemeinsam, dass das Kind sich engagiert, motiviert, freudig, zufrieden, innovativ,

---

457 Ebenda, S. 28.
458 Ebenda, S. 29.
459 Regel, Gerhard, Grundlegende Aspekte, in: Gruber, Rosemarie; Siegel, Brunhild, Hrsg. (2008) Offene Arbeit in Kindergärten. Das Praxisbuch, S. 33 ff.
460 Ebenda, S. 33.
461 Ebenda, S. 35.
462 Ebenda, S. 36.
463 Regel, Gerhard; Eine entspannte Atmosphäre: Voraussetzung für Lernen, Entwicklung und Bildung. In: Kühne, Thomas; Regel, Gerhard; Hrsg. (2000) Bildungsansätze im Offenen Kindergarten. Erzieherinnen im Mittelpunkt der pädagogischen Arbeit, S. 22.

zeitvergessen, intensiv und bis „an die Grenzen seiner Fähigkeiten"[464] gehend selbst beschäftigt. Obwohl es problematisch scheint, dem Begriff der „Spontanaktivität" vor dem Hintergrund von Verhaltensweisen bindungsgestörter Kinder, die auch sehr selbstversunken wirken können, eine so große Bedeutung einzuräumen[465], kann die Spontanaktivität der Kinder dennoch als begrenzter Indikator für eine positive Entwicklung der Kinder gesehen werden.

Die spontane Aktivität des Kindes soll sich vor allem im „Freispiel" verwirklichen. Dabei wird das Spiel nicht als „Handlungsform", sondern als „Zusammenhang" gesehen oder als „Interaktion mit der natürlichen, sozialen und im weitesten Sinne kulturellen Umwelt."[466]

Für die Erzieher/innen bedeutet die Spontanaktivität im Freispiel eine Aufforderung zu genauer Beobachtung, um zu prüfen, „ob die Möglichkeiten innerhalb der vorbereiteten Umgebung noch für die Entwicklungsinteressen der einzelnen Kinder ausreichen. Sonst gilt es, Änderungen und Erweiterungen in den Spielbereichen herbeizuführen, um so neue Möglichkeiten zu schaffen."[467]

Auf der Grundlage dieser Ansprüche fordert die Rolle der Erzieherin, „dass sie sich eigentlich nur dann als Erzieherin wahrnehmen kann, wenn sie von Kindern als Bezugsperson angenommen wird, wenn Kinder sich auf sie einlassen."[468]

Dafür ist neben der Feinfühligkeit, die Regel Resonanz und Anerkennung nennt, auch etwas aktiv Herausforderndes notwendig, mit den Worten Regels ein „authentisches Verhalten" der ErzieherInnen.

---

464 Ebenda, S. 24.
465 Der Autor verweist an anderer Stelle auf diesen Zusammenhang: „Im offenen Kindergarten ist es besonders wichtig, für das Thema Bindung sensibel zu sein; einmal um die Kinder zu bemerken, die sich an eine bestimmte Person aus dem Kreis der Erwachsenen binden wollen, und zum anderen, um die bindungsunsicheren Kinder zu entdecken. Diese wirken oft sehr selbständig, so dass sich der Eindruck ergibt, dass sie den Erwachsenen nicht brauchen. Hiervon zu unterscheiden sind Kinder, die sich durch erworbenes Selbstvertrauen und große Eigenständigkeit innerlich von Erwachsenen lösen können und sie mehr und mehr als ihr Gegenüber erleben." Ebenda, S. 30.
466 Kühne, Thomas; Regel, Gerhard Hrsg. (1996) Erlebnisorientiertes Lernen im Offenen Kindergarten. Projekte und Arbeitsansätze aus der Praxis für die Praxis, S. 22.
467 Regel, Gerhard; Eine entspannte Atmosphäre: Voraussetzung für Lernen, Entwicklung und Bildung. In: Kühne, Thomas; Regel, Gerhard; Hrsg. (2000) Bildungsansätze im Offenen Kindergarten. Erzieherinnen im Mittelpunkt der pädagogischen Arbeit, S. 24.
468 Regel, Gerhard, Grundlegende Aspekte, in: Gruber, Rosemarie; Siegel, Brunhild, Hrsg. (2008) Offene Arbeit in Kindergärten. Das Praxisbuch, S. 38.

110

„Kinder fühlen sich zu authentischen Erzieherinnen hingezogen und zwar umso mehr, je interessanter die Erwachsenen ihr Wissen und Können zeigen, sich im Dialog auf Kinder einlassen. Wer Lebensmöglichkeiten wach, aufgeschlossen, begeistert und kreativ ergreift, wird ähnliche Entwicklungen bei Kindern auslösen. Wer sein Wissen und Können mit Kindern teilt und es ständig erweitert, wird bei Kindern offene Sinne finden, die aufmerksam folgen. Ich denke, dass Kinder neben fürsorglichen, akzeptierenden, schützenden und gewährenden Erzieherinnen auch solche Menschen brauchen, die attraktiv im Sinne besonderer Stärken und Kompetenzen wirken, weil dadurch anregendes Lernen möglich wird. Begeisterung, die ansteckt, macht auch den Kindergarten attraktiver und fördert die Zufriedenheit. Deshalb trägt dieser Punkt mit zur entspannten Atmosphäre bei."[469]

Die Verantwortung für diese Atmosphäre wird aber nicht nur auf die Erzieher/innen verlagert, sondern auch auf den Träger und die Leitung der Einrichtung, denn Regel betont den „Anspruch der Mitarbeiter und Mitarbeiterinnen sich in ihrer Einrichtung wohl zu fühlen, sonst kann differenzierte pädagogische Arbeit auf die Dauer nicht geleistet … werden."[470]

Kinderkrippen mit dem Anspruch einer „offenen Arbeitsweise" sind inzwischen keine absoluten Seltenheiten mehr. So stellen die „Kindertageseinrichtungen der ev. Kirchengemeinde Borgfeld"[471], die drei Gruppen mit je neun Kindern im Alter zwischen sechs Monaten und drei Jahren betreiben, fest, dass „Offene Arbeit und Krippe nicht nur keinen Widerspruch darstellen, sondern dass man innerhalb dieser Konzeption in besonderem Maße auf die Bedürfnisse von Krippenkindern eingehen kann."[472] Im Zentrum ihrer Arbeit steht der „Grundsatz der Selbstbestimmung und der Selbsttätigkeit des Kindes, die Achtung vor seiner Einmaligkeit und das Vertrauen in seine Entwicklungskräfte."[473]

Damit wird ein Bezug hergestellt zu Grundsätzen von Emmi Pikler und Maria Montessori.

Man kann davon ausgehen, dass in diesen Krippen die Regeln der Eingewöhnung[474] beachtet und ein ausgewogenes Verhältnis zwischen den Bindungs- und Explotationsbedürfnissen der Kinder beachtet wird. Insofern ist aus der

---

469   Ebenda, S. 40.
470   Ebenda, S. 42.
471   http://www.krippe.kita-borgfeld.de/index.php?id=12.
472   Ebenda.
473   http://www.krippe.kita-borgfeld.de/index.php?id=11.
474   Vgl. dazu: Siegel, Brunhild Auf den Anfang kommt es an in: Gruber, Rosemarie; Siegel, Brunhild, Hrsg. (2008) Offene Arbeit in Kindergärten. Das Praxisbuch, S. 79–81.

Notsituation und dem Umbruch der Anfangszeit ein erfolgreiches Konzept einer bindungsorientierten Kleinstkindbetreuung entwickelt worden.

Eine empirische Untersuchung von Cornelia Weise bestätigt diese Annahmen.[475]

Danach erlaubt die Offene Arbeit den Erzieher/innen durch den Wegfall der multiplen und parallelen Zuständigkeit eine Spezialisierung, woraus sich wiederum eine größere Angebotsvielfalt und ein intensiverer Kontakt zu Kindern ergeben.[476] In der Folge werden die Kinder selbständiger, haben ein besseres Selbstbewusstsein, eine größere Sozialkompetenz und sie haben „die Chance, gemäß dem Menschenbild der Offenen Arbeit ihren Weg der Entwicklung, ihr Tempo selbst zu bestimmen."[477]

5.8 Bindung in der Montessori-Krippe

Die Pädagogik von Maria Montessori geht von einem Menschenbild aus, das den Menschen als sich entwickelndes Wesen begreift. „Sie behauptete, das menschliche Kind werde als ein unvollständiges Wesen geboren, dessen einzigartige Aufgabe es sei, seinen eigenen Aufbau zu vollenden. Die Formung des eigenen Selbst erstrecke sich über die gesamte Kindheit bis zum jungen Erwachsenenalter: von der Geburt bis zum Alter von vierundzwanzig Jahren. Das war ein revolutionäres Konzept, das unweigerlich zu einer zweiten überraschenden Konsequenz führte: Erziehung müsse bei der Geburt des Kindes beginnen. Mehr als das, die Erziehung selbst müsse erneuert werden. Sie dürfe nicht mehr auf das Ausgießen von Kenntnissen über ein Kind mit einem »gebrauchsfertigen« Gehirn konzentriert sein. Gehirn, Geist und Bewusstsein seien nämlich noch nicht fertig. Die Erziehung müsse den Kindern helfen, ihre Gehirne selbst aufzubauen und diesen Prozess bis zur Erreichung der Reife im Alter von etwa vierundzwanzig Jahren in Gang zu halten."[478]

Vor diesem Hintergrund nennt sie als Ziel, „die Bindung und Lösung der Kinder zu begleiten"[479]. Sie misst auch den ersten drei Lebensjahren „grundlegende

---

475   Weise, Cornelia (2008) Offene Arbeit im Kindergarten Praxiserfahrungen. Bedingungen, die das Gelingen des Konzeptes in der Praxis beeinflussen.

476   Ebenda, S. 30–31.

477   Ebenda, S. 29.

478   Lillard, Paula Polk; Jessen, Lynn Lillard (2012) Montessori von Anfang an. Ein Praxishandbuch für die ersten drei Jahre des Kindes, S. 29.

479   Oswald, Paul; Schulz-Bensch, Günter Hrsg. (2009) Grundgedanken der Montessori Pädagogik, Quellentexte und Praxisberichte, Seite 212.

Bedeutung … für die Entwicklung des Kindes" zu, denn „es ist eine Lebensphase großer Nähe zwischen dem Kind und seinen Bezugspersonen."[480]

Um diese Nähe herzustellen und die Entwicklung des Kindes zu fördern, soll seine Entwicklung durch Beobachtung nachvollziehbar werden,[481] indem sie die einzelnen Kinder einfühlsam und doch sehr genau beobachten … und ihre Beobachtungen dokumentieren."[482]

Die feinsinnige Beobachtung des Kindes erhält einen zentralen Stellenwert.

„Wenn man bedenkt, welchen Erfolg die Methode der Beobachtung auf allen Gebieten davongetragen hat, folgt daraus, dass sie auch die pädagogische Verhaltensweise ändern wird. Die neue Erziehung, die das Kind viel beobachtet, bevor sie wagt, es erziehen zu wollen, soll endlich auch in die Familie eindringen und hier nicht nur ein neues Kind, sondern auch neue Väter und Mütter schaffen …. Es ist von Geburt an ein Geist begabtes Wesen, und wenn man sich um seine Gesundheit und sein Leben sorgt, genügt es nicht, sich um seine körperlichen Bedürfnisse zu kümmern: Vielmehr muss man auch der Seele den Weg eröffnen, den sie zu ihrer Entfaltung sucht, man muss die Seele des Kindes von Geburt an beobachten und über sie wachen."[483]

In der Montessori-Pädagogik wird sehr viel Wert gelegt darauf, dass Kinder mithilfe der Montessorimaterialien explorativ die Welt erkunden. Jedoch gelten auch andere Dinge, z.B. Haushaltsgegenstände als geeignet, wenn sie einem definierten Entwicklungsstand des Kindes entsprechen und seine weitere Entwicklung in einer bestimmten Hinsicht fördern können. Der Erwachsene muss dabei entscheiden, ob er einen Gegenstand austauscht, weil er „nach einer Weile vertraut und damit uninteressant wird."[484] Der Bezugsrahmen für das Handeln von Eltern und Erziehern ergibt sich aus angenommenen Entwicklungsschritten des Kindes, denen adäquat geantwortet werden muss. Aus der Beobachtung, dass „erst im Alter von drei bis fünf Monaten das Zugreifen des Kindes zielgerichtet (wird)" und „es jetzt die Fähigkeit (hat), gezielt Gegenstände zu erreichen und zu greifen,"[485] wird gefolgert: „Wenn das Kind das zielgerichtete Erreichen, Greifen und Halten eines Gegenstandes im Alter von drei bis fünf Monaten noch nicht

---

480   Ebenda, Seite 211.

481   Ebenda, Seite 212.

482   Schäfer, Claudia (2005) Lernen mit Montessori im Kindergarten, Seite 136.

483   Oswald, Paul; Schulz-Bensch, Günter (Hrsg.), Grundgedanken der Montessori Pädagogik, Quellentexte und Praxisberichte (Herder) 21. Auflage, 2009, Seite 126, 127.

484   Lillard, Paula Polk; Jessen, Lynn Lillard (2012) Montessori von Anfang an. Ein Praxishandbuch für die ersten drei Jahre des Kindes, S. 66.

485   Ebenda, S. 70.

entwickelt hat, ist es auf jemand anderen angewiesen, der ihm den Gegenstand in die Hände legt."[486]

Dennoch wird dabei die Selbsttätigkeit des Kindes als wichtig angesehen, während den Erwachsenen die Rolle eines zurückhaltenden Beobachters zukommt. Sie sollen das Kind nicht unterbrechen, wenn es gerade in einer Explorationsphase ist.

Die Beobachtung des Kindes bezieht sich jedoch nicht auf seine Bindung, sondern vor allem auf die kognitiven Aspekte seiner Entwicklung, für die alle Lebensbereiche, Lebensäußerungen und Entwicklungsschritte von Bedeutung sind. So werden in dieser Hinsicht die sich entwickelnden Funktionen der Hand, der Mobilität (Krabbeln, Gehen), des praktischen Lebens, der Zuwendung zur eigenen Person (Körperpflege, Schlaf, Nahrungsaufnahme, Kleidung, Sauberkeitserziehung, etc.) als kognitive Herausforderungen für das Kind gesehen, die mit entsprechenden Inszenierungen und Hilfestellungen der Erwachsenen gemeistert werden können, so dass es zunehmend selbständig wird.

Der notwendige Abgleich zwischen dem „Entwicklungsfahrplan" des Kindes und seiner tatsächlichen Entwicklung verlangt sicher eine große Aufmerksamkeit von seiten der Bezugspersonen ebenso wie eine ausgeprägte Feinfühligkeit bei der Umsetzung aller Maßnahmen, die die Entwicklung des Kindes fördern sollen, aber dennoch wirkt die Montessori-Pädagogik hier sehr sachlich und unpersönlich. Dershalb ist es auch nicht überraschend, dass die Tatsache in der Literatur zu Montessori kaum beachtet wird, dass eine Exploration nur dann möglich ist, wenn das Kind sich an eine Bezugsperson als „sichere Basis" gebunden fühlt, zu der es zurückkehren kann, wenn es z.B. Schutz braucht. Es finden sich auch keine Aussagen zu einer Eingewöhnungsphase.

Wenn in der Montessoripädagogik ein feinfühliges Erkennen der Bedürfnisse des Kindes als sehr wichtig erachtet wird, bezieht es sich stets auf kognitive Aspekte, wie folgendes weitere Beispiel verdeutlicht:

„Ein ungefähr einjähriges Kind besah sich eines Tages Bilder, die seine Mutter noch vor seiner Geburt für es vorbereitet hatte. Der Kleine küsste die Bilder von Kindern, besonders zogen ihn die kleinsten Gestalten an. Auch die Abbildungen von Blumen erkannte er, näherte sie seinem Gesichtchen und tat so, als ob er daran röche. Es war klar, der Kleine wusste, wie man sich Blumen und Kindern gegenüber verhält. Aber einige Anwesende fanden das Kind von unnachahmlicher Anmut, lachten und ließen das Kind allerlei Dinge riechen und küssen, indem sie sich über seine Äußerungen lustig machten, die sie nur erheiternd

---

486 Ebenda, S. 71.

114

fanden, denen sie aber keine Bedeutung beimaßen. Sie gaben ihm Farben zu riechen und Polster zu küssen, aber der Kleine wurde ganz verwirrt, und der kluge und gespannte Ausdruck, der sein Gesichtchen verschönt hatte, verschwand. Er war ganz glücklich gewesen, ein Ding vom anderen unterscheiden zu können und die entsprechende Tätigkeit auszuführen. Es war dies eine bedeutende Leistung seiner Intelligenz. Diese vernünftige Betätigung hatte ihn vollkommen glücklich gemacht aber er war innerlich noch nicht stark genug, sich gegen die brutale Einmischung der Erwachsenen zu verteidigen. Schließich machte er überhaupt keine Unterschiede mehr, küsste alles, beroch alles, lachte mit, wenn die Umgebung lachte, jene Menschen, die ihm doch den Weg zur selbstständigen Entwicklung versperrt hatten."[487] Daraus lässt sich zwar entnehmen, dass Montessori voraussetzt, dass die Bezugspersonen feinfühlig auf die Signale des Kindes reagieren und es in seiner Selbsttätigkeit und der Erkundung seiner Umwelt unterstützen, aber diese Feinfühligkeit bezieht sich ausschließlich auf die geistige Tätigkeit des Kindes.

Im folgenden Beispiel wird die Aktivität der Bezugsperson positiv bewertet, die die Handlungen des Kindes als latente Intention interpretiert und die sie im Sinne seiner kognitiven Entwicklung zu fördern sucht.

„Als die Kleine ein halbes Jahr alt war, bekam sie eine Klapper mit einem silbernen Glöckchen. Man gab sie ihr an die Hand und half ihr, die Glocke klingen zu lassen. Nach einigen Minuten ließ sie die Klapper fallen. Man hob sie auf und gab sie ihr wieder. Dies wiederholte sich mehrmals. Das Kind schien einen Zweck damit zu verfolgen, die Klapper fallen zu lassen und sie wieder zu verlangen. Eines Tages, als es sie wieder in seiner kleinen Hand hielt, begann es statt wie sonst die Hand ganz zu öffnen –, erst einen Finger loszulösen, dann noch einen und noch einen, und schließlich löste sich langsam der letzte Finger, und die Klapper fiel herab. Die Kleine betrachtete ihre Finger mit gespanntester Aufmerksamkeit. Sie wiederholte die Bewegung und besah immer wieder ihre Fingerchen. Was sie fesselte, war augenscheinlich nicht die Glocke, sondern das Spiel, die „Funktion" der Finger, die das Ding halten konnten, und diese Beobachtung erfüllte sie mit Freude. Zuerst hatte das Kind seine Augen in eine unbequeme Lage gezwungen, um seine Hand betrachten zu können, jetzt studierte es ihr Funktionieren. Die kluge Mutter beschränkte sich auf das geduldige Aufheben und Wiedergeben der Klapper. Sie nahm Anteil an der Tätigkeit ihrer kleinen Tochter und erkannte die tiefe Bedeutung des Wiederholens einer Übung."[488]

---

487 Ebenda, Seite 132.
488 Ebenda, Seite 130, 131.

Das Verständnis der Montessori-Pädagogik in diesem Beispiel für das Verhalten des Kindes und die Reaktion seiner Mutter stellt eine Abgrenzung gegen alternative – zumeist ältere und überholte Auffassungen vom Wesen des Kindes dar. Zu nennen sind die Vorstellung, dass das Kind als „tabula rasa" auf die Welt kommt und erst im Laufe seines Lebens zu einem „kompetenten, autonomen und aktiven Erwachsenen" heranreift.[489]

Aus dem Bereich der „schwarzen Pädagogik" stammt das Bild vom Kind, das erst „durch einen strengen, kontrollierenden und strafenden Erwachsenen" zu einem „moralisch gefestigten Erwachsenen" wird.[490] So wurde nach letzterem Verständnis, welches Kindern viel Kummer bereitet hat, das Erkunden und Forschen von Kleinkindern „oft als absichtsvoll böse interpretiert, beispielsweise dann, wenn ein Kind immer wieder einen Gegenstand aus dem Kinderwagen wirft, um festzustellen, dass dieser auch immer wieder herunterfällt und sich dann über die Kooperation der Erwachsenen freut, die ihn auch immer wieder aufheben."[491] Danach wird dem Verhalten des Kindes evt. eine boshafte Absicht unterstellt:

„Das Kind will mich ärgern und sogar die Freude, die das Kind beim Tun zeigt, wird oft als Bosheit bewertet."[492]

Die Montessori-Pädagogik sieht dagegen das Kind von Anfang an als kompetent an. Ihrem Verständnis entsprechend kommen die Kinder als individuelle Persönlichkeiten auf die Welt.[493] Sie besitzen von Geburt an zahlreiche Fähigkeiten und bestimmten ihre eigene Entwicklung mit und brauchen Erwachsene, die sie in ihrer Individualität annehmen, dem Kind wirkliches Verstehen entgegenbringen und mit ihm partnerschaftlich umgehen.[494]

„Dem kompetenten Kind steht ein selbstbewusster, kompetenter Erwachsener gegenüber. Die Beziehung basiert auf Gleichrangigkeit, aber nicht auf Gleichheit."[495]

Gegenüber den überholten pädagogischen Auffassungen stellt die Montessori-Pädagogik sicher einen Fortschritt dar. Sie legt großen Wert auf die Eigentätigkeit

---

489 Winner, Anna; Erndt-Doll, Elisabeth (2013), Anfang gut? Alles besser, Ein Modell für die Eingewöhnung in Kinderkrippen und anderen Tageseinrichtungen für Kinder, Seite 19.
490 Ebenda, Seite 20.
491 Ebenda, Seite 20.
492 Ebenda, Seite 20.
493 Ebenda, Seite 20.
494 Ebenda, Seite 20.
495 Ebenda, Seite 20.

der Kinder und erwartet von den Bezugspersonen neben einer sensiblen und feinfühligen Wahrnehmung der Bedürfnisse der Kinder, auch eine Gelassenheit im Umgang mit dem Kind. So sollte z.B. das Kind, anstatt gefüttert zu werden, möglichst früh die Gelegenheit haben, selbst zu essen.

Dennoch bleibt zu fragen, ob die zentrale Rolle der kognitiven Förderung die Kinder nicht in die Nähe von Objekten einer Konditionierung befördert. Dieser Eindruck verstärkt sich bei der Durchsicht eines von der Deutschen Montessori-Gesellschaft e.V. herausgegebenen Werkes zur Frühpädagogik.[496] Dem „Praxishandbuch für die ersten drei Jahre des Kindes" messen die Herausgeber eine Weg weisende Bedeutung für deutsche LeserInnen zu und die Autorinnen gelten ihnen als erfahrene Montessori-Pädagoginnen. Deshalb soll dieses Werk als repräsentativ für die gegenwärtige Montessori-Pädagogik angesehen werden. Zwar sieht es seine Leserschaft in den Eltern, aber die vorgestellten Grundsätze dürften ebenso für die BetreuerInnen in Krippen gelten. Für das Neugeborene soll keine Zeit verloren werden, die „Aufgabe besteht darin, schon während der ersten Lebenswochen Gelegenheiten zur Konzentration zu schaffen."[497]

Dafür soll „eine Umgebung (geschaffen werden), die das Baby bis an die Grenze seiner Fähigkeiten führt."[498] Dem dient zunächst die Einrichtung der Lebensumgebung des Kindes: „Auf einer Seite des Futons gibt es einen Spiegel an der Wand und an der Decke oberhalb des Futons ist ein Haken befestigt, an dem Mobiles aufgehängt werden können. Auf einem niedrigen Regal aus Holz befindet sich ein Körbchen mit einer winzigen silbernen Rassel."[499] Das Mobile soll dem Säugling helfen, „das Fixieren seines Blickes zu trainieren und mit den Augen den langsamen Bewegungen dieses attraktiven Gegenstandes zu folgen."[500]

Eltern werden dazu angehalten, „Rasseln in logischer Folge anbieten, die an das Baby steigende Herausforderungen für sein Greif- und Entdeckungsvermögen stellen."[501] Ziel aller Maßnahmen ist, dem Kind durch genau passende Anforderungen[502] „das richtige Maß an Herausforderung zu geben, um seine Intelligenz durch ausdauernde Aufmerksamkeit zu entwickeln."[503]

---

496 Lillard, Paula Polk; Jessen, Lynn Lillard (2012) Montessori von Anfang an. Ein Praxishandbuch für die ersten drei Jahre des Kindes.
497 Ebenda, S. 49.
498 Ebenda.
499 Ebenda, S. 50.
500 Ebenda, S. 51.
501 Ebenda.
502 Ebenda.
503 Ebenda.

Das Mittel der Intelligenzförderung, die subtile Verpflichtung zur alles andere ignorierenden Aufmerksamkeit wird in diesem Zusammenhang zu einer quasireligiösen Eigenschaft erhöht: „Unsere Fähigkeit, uns durch ausdauernde Aufmerksamkeit gegenüber unserer Umgebung zu verändern, ist die höchste spirituelle Qualität des Menschen."[504]

Dagegen werden alle Versuche der Umgebung des Kindes, mit ihm während seiner konzentrierten Tätigkeit Kontakt aufzunehmen, als unerwünschte und das Ziel gefährdende Störungen diskriminiert: „Durch ein Verhalten wie Klatschen, einen Kuss, den Ausruf »wunderbar« oder ähnliches zieht der wohlmeinende Erwachsene die Aufmerksamkeit des Kindes weg von dessen augenblicklicher Aktivität und hin zu seiner Person. Zu viele derartige Störungen lenken die Aufmerksamkeit des Kindes auf sich selbst. Und wer mit sich selbst beschäftigt ist, kann seine Aufmerksamkeit nur schlecht auf eine Sache konzentrieren, egal wie alt er ist."[505]

Diese Ausrichtung auf die Förderung der Intelligenz durch Konzentration soll so betrieben werden, dass sie die mentalen und physiologischen Voraussetzungen des Kindes berücksichtigt, entsprechend verändern sich die Hilfsmittel, erwünschten Umgebungen und Ausrichtungen auf geforderte Bewegungen etc. des Kindes. Die Grundsätze bleiben aber immer gleich.

Auch die Montessori-Materialien erscheinen aus dieser Perspektive zwar als Fortschritt gegenüber den Spielzeugen zur Zeit Montessoris, die Kindern kaum Möglichkeiten zu einem freien Umgang eröffneten, da sie sie funktional sehr einseitig ausgerichtet waren wie z.B. Spielzeugautos etc. Im Vergleich aber mit den tatsächlich voraussetzungs- und grenzenlosen Möglichkeiten, die die Natur (Vgl. dazu den Abschnitt Waldkindergarten) selbst zur Verfügung stellt, wirken auch sie eher einschränkend und konditionierend.

Die Ausrichtung des Kindes auf die Konzentration führt zu Verhaltensweisen, die symptomatisch denen von Kindern mit einer sogenannten unsicher-vermeidenden Bindung ähnlich sind. Auch sie wirken hochgradig konzentriert, während sie tatsächlich starkem Stress unterworfen sind. Obwohl man beide Gruppen sicherlich nicht gleichsetzen kann, könnte man dennoch fragen, ob der kommunikative und soziale Rückzug in beiden Fällen so gegensätzlich bewertet werden kann, dass er einmal als Ausdruck einer Störung gilt, während er im zweiten Fall als eine der höchsten Formen des Menschseins vorgestellt wird.

---

504 Ebenda.
505 Ebenda, S. 52.

Daran könnte sich die Frage anschließen, ob in einer zunehmend arbeitsteiligen Welt, in der niemand mehr auch nur die einfachsten Funktionen autonom für sich lösen kann, nicht gerade neben der Konzentration auch die simultan notwendige Fähigkeit der Kommunikation und Kooperation gefördert werden sollte.

Die einseitige Fokussierung auf die (vermeintliche) Förderung der Intelligenz durch Konzentration ist sprichwörtlich die andere Seite der Medaille. Es kommt jedoch darauf an, diese einseitige Perspektive zu vermeiden und tatsächlich beide Seiten ins Bewusstsein zu rücken und daran zu denken, dass eine erfolgreiche intellektuelle Entwicklung vor allem einer positiven Bindung des Kindes bedarf, die ihm Gelassenheit bei seinen explorativen Unternehmen und ein darauf beruhendes Selbstbewusstsein ermöglichten.

Wenn man an die Freiheit denkt, die Adalbert Stifter seinem Protagonisten einräumt, erscheint die Welt der Montessori-Pädagogik trotz gegenteiliger Beteuerungen durch ihre rigide Forderung nach Konzentration und ihre ständige Begleitung (Bevormundung) auch der einfachsten Tätigkeiten des kleinen Kindes als mutlos im Hinblick auf die Fähigkeiten des Kindes. Man könnte geradezu zynisch danach fragen, welche Hoffnungen diejenigen Kinder und Eltern haben, denen die Wohltaten dieser Pädagogik versagt bleiben: Müssen sie unkonzentriert und dumm bleiben oder werden, oder gibt es eine Alternative?

Das Menschenbild der Montessori-Pädagogik, das jede Handbewegung des Kindes glaubt begleiten und durch „Konzentration" sozusagen kondensieren zu müssen, unterschätzt die wirklichen Kräfte des Menschen und vor allem der jungen Menschen, die von Generation zu Generation die Welt verändert haben, seitdem es überhaupt Menschen gibt.

5.8.1 Blicke auf die Montessori-Krippenwelt

Von den zahlreichen Montessori-Krippen hat das Montessori-Bildungshaus Hannover ein etwas ausführlicheres Konzept vorgelegt.[506]

Neben allgemeinen programmatischen Aussagen finden sich hier auch Angaben zum praktischen Betrieb der Einrichtung, die für die Beurteilung der Bindungsfrage von Relevanz sind.

---

506 http://www.montessori-regionhannover.de/montessori-kinderhaus-hannover/
paedagogisches-konzept/Pädagogisches Konzept für das Montessori Kinderhaus
Bonner Straße und das Montessori Kinderhaus Milanstraße 2012. Die folgenden,
nicht einzeln gekennzeichneten Zitate stammen aus dem 13-seitigen unpaginierten
PDF-Dokument.

Die Krippe richtet sich bei der Eingewöhnung nach dem „Berliner Modell", das für eine behutsame „Ablösung von der bisher oft einzigen Bezugsperson" steht. Es gibt für das Kind „eine eingewöhnende Pädagogin." Die folgenden Grundsätze sind der Krippe für die Arbeit mit den ein- bis dreijährigen Kindern besonders wichtig: „Kinder sind bereits als Säuglinge selbstständige Individuen. Es ist wichtig, ihre zarten Signale wahrzunehmen und zu verstehen. Mit Achtsamkeit wird beim Verrichten der täglichen Dinge (wie z.B. Anziehen und Essen) die Selbständigkeit gefördert und damit auch das Selbstvertrauen. Ohne die Kinder zu überfordern, können Kontakte zu Personen außerhalb der Familie geknüpft werden."

Aus diesen Aussagen lässt sich der Schluss ziehen, dass entscheidende Aspekte der Bindung beachtet werden. Auch für die explorative Seite der kindlichen Entwicklung wird Raum gegeben, da „die Kinder im gegebenen Rahmen selbst (entscheiden), ob, wann und wie lange sie sich der Freiarbeit, dem Rollenspiel oder dem Aufenthalt im Freien widmen bzw. mit wem sie arbeiten/spielen wollen." Anders aber als in der Waldkrippe, wo die Kinder eine nur durch Sicherheitsaspekte begrenzte Freiheit haben, in der Natur zu spielen, ihr einen Sinn zu geben, sie zu verändern, soll das Kind in der Montessori-Krippe eine Entwicklung durchlaufen, die den von Montessori angenommenen „sensiblen Phasen" entspricht. Dadurch kann aber das Kind einem Schema zugeordnet werden, dem es entsprechen soll, was bei einer Nicht-Übereinstimmung zu Interventionen der Pädagogen führt.

Den Idealzustand kindlichen Verhaltens sieht das „pädagogische Konzept" in der „Polarisation der Aufmerksamkeit", in der das Kind in eine Sache vertieft ist und „gleichzeitig innerlich von der Umgebung gelöst wirken kann."

Der oben formulierte Eindruck, dass die Montessori-Pädagogik stark kognitiv ausgerichtet ist und dabei engen Normvorstellungen folgt, wird in einem Abschnitt des „Konzepts" zur „Rolle und Aufgabe der Pädagogin" um einen Aspekt erweitert: Es ist nicht nur die Förderung der Kognition, sondern ein über vorbereitete Materialien angestrebter Versuch, den tatsächlichen kognitiven Entwicklungsstand eines Kindes mit einem Soll-Zustand in Einklang zu bringen. Der vollständige Aufgabenkatalog der Pädagogin lautet:

„Vorbildfunktion
Sorgfältige Vorbereitung und Pflege einer kindgemäßen Umgebung
Gründliche Kenntnis der Materialien und ihre Vermittlung
Sorgfältige Pflege und Instandhaltung der Arbeitsmaterialien in der gemeinsamen Umgebung
Genaue Kenntnisse der kindlichen Entwicklung und der sensiblen Phasen

Differenzierte Beobachtung als Fundament um begründete pädagogische Entscheidungen zu treffen

Bindeglied sein zwischen dem Kind und der vorbereiteten Umgebung

Vor- und Nachbereitung des Kinderhausalltags

Die konzentrierte Arbeit des Kindes niemals stören, nur beobachten

Grenzen bieten Sicherheit: die Pädagogin schafft eine Atmosphäre, in der Lernen Freude macht

Regelmäßiger Austausch im Pädagoginnen-Team zur Entwicklung des Kindes

Regelmäßige Teambesprechungen und Weiterbildungen"

Von den 12 genannten Funktionen beziehen sich fünf auf den sachlichen Aspekt des Materials, zwei auf die Beobachtung des Kindes (bei seiner erstrebten Beschäftigung mit Arbeitsmaterialien), zwei auf die Kommunikation im Team. Der Begriff des „Vorbilds" hingegen verweist auf die Vorstellung, dass jemand etwas vorbildlich macht, das andere imitieren sollen. Da die meisten Tätigkeiten mit Sachen verbunden sind, ist auch das eigentlich eine unpersönliche, über Sachen vermittelte oder auf sie gerichtete Beziehung.

Das gilt auch für die „Kenntnis der kindlichen Entwicklung und der sensiblen Phasen", da sie sich über den Umgang des Kindes mit Materialien (Sachen) realisieren.

Der verbleibende Punkt der „Grenzen" steckt den Rahmen der Freiheit für das Kind ab.

Zwar soll das Kind in der „Freiarbeit" das Objekt, die Partner, die Dauer, das Tempo und den Ort seiner Tätigkeit selbst bestimmen, entsprechend dem „Konzept" erfährt es aber Grenzen

„durch seinen Entwicklungsstand,

durch seinen physischen Zustand (Müdigkeit, Unwohlsein),

durch das Material (innere und äußere Begrenztheit),

durch den Raum,

durch die Gemeinschaft,

durch die Zeit, die nicht unbegrenzt zur Verfügung steht,

durch Regeln und Absprachen, die einzuhalten sind."

Vergleicht man Freiheiten und ihre Begrenzungen, so entsteht doch ein Eindruck einer deutlichen Akzentuierung begrenzter Freiheiten in der Montessori-Krippe, vor allem bei einem Vergleich mit den auf Naturmaterialien konzentrierten Waldkrippen.

Während Naturmaterialien multifunktional sind entsprechend dem Entwicklungsstand, Interesse und der Fantasie des Kindes (seinem magischen Bedürfnis) und damit eine selbständige freie Entwicklung ermöglichen, sind die Montessori-

Materialien „Bestandteil der vorbereiteten Umgebung" zum „Aufnehmen und bewussten Analysieren der Umwelt und ihrer Phänomene" entsprechend den sensiblen Phasen der Kinder. Damit gehören sie zum genormten Inventar einer genormten Entwicklung.

Die ausführlich gehaltene Darstellung des Krippenkonzepts der Krippen in Hannover findet sich bei anderen Montessori-Krippen ebenfalls in verkürzter Form. So schreibt das Internationale Montessori-Zentrum München auf seiner Internet-Seite: „Wir begleiten die Kinder zur selbständigen und selbstbestimmten Aktivität, indem wir genau beobachten, wo sie sich gerade in ihrer Entwicklung befinden und ihnen das Material oder die Themen anbieten, welche die Kinder in dieser Entwicklungsphase brauchen und interessieren."[507]

5.9 Waldorf-Pädagogik

5.9.1 Die Sicht eines „kritischen Sympathisanten" auf die Waldorf-Pädagogik

Die Waldorfpädagogik geht auf Rudolf Steiner zurück und sie beruht auf einer metaphysischen Begründung durch „Imagination, Inspiration und Intuition."[508] Dieser Ansatz stößt in einer wissenschaftsbezogenen Zeit auf Kritik, obwohl auch der „Alleingültigkeitsanspruch quantifizierend-experimenteller Forschungsmethoden"[509] Kritik auf sich gezogen hat. Als wesentliches Argument gegen den Wahrheitsanspruch Steiners und sein System einer „übersinnlichen Erkenntnistheorie" akzeptiert Barz eine Kritik an dieser absoluten Gewissheit Steiners hinsichtlich der Gestaltung und Struktur der übersinnlichen Welt, indem er auf den Gegensatz echter und „verkappter" Religiosität hinweist, in dem die erste „gekennzeichnet (ist) durch Bescheidenheit und das Eingeständnis, daß wir als Menschen zwar wissen können, *dass* die uns durch unsere Sinne erschlossene Welt nicht der letzte Wahrheits- und Sinnhorizont ist. Aber: *Wie* die Welt im über-

---

507 http://www.montessori-muenchen.com/das-ist-uns-wichtig/.

508 Barz, Heiner (1993) Der Waldorfkindergarten. Geistesgeschichtliche Ursprünge und entwicklungspsychologische Begründung seiner Praxis (Reihe Pädagogik Beltz), S. 14 Die kritische Darstellung des anthroposophischen Ansatzes folgt weitgehend Barz, da er berechtigte Fragen aufwirft und dennoch die positiven Leistungen der Waldorf-Pädagogik würdigt. Auch wenn das Werk auf Grund seines Erscheinungsdatums veraltet wirken könnte, so kann gerade darin ein Vorzug gesehen werden, da unabhängig von „Modeerscheinungen" der Pädagogik grundsätzliche Fragen gestellt werden.

509 Ebenda, S. 15.

sinnlichen Bereich beschaffen ist, *was* „die Welt im innersten zusammenhält", worin etwa der Sinn des Lebens besteht, darüber maßt sich der wirklich religiöse Mensch, der echte Mystiker, kein Urteil an."[510] Barz sieht bei Steiner „allenthalben die naive wissenschaftsgläubige Vorstellung durch (schimmern), daß die Welt, der Mensch, die menschliche Entwicklung etc. sich aus einfachen mathematischen Prinzipien und Elementen erklären und zusammensetzen lässt."[511] Dieses „sehr geschlossene System", „bei dem alles hervorragend zueinander passt",[512] ist aber dennoch ein synthetisches Konstrukt", bei dem „kaum ein Gedanke von Steiner selbst stammt; einzig die Art der Zusammenstellung der von überallher entlehnten Versatzstücke ist neu."[513]

Die Pädagogik Steiners ist Teil der zeitgenössischen Reform- und Kunstpädagogik, da sie ebenso wie diese „in einer umfassenden Kulturkritik wurzelt)", „sich an einer neuen Sicht des Kindes orientiert" (Pädagogik vom Kinde aus), „der Kunst als Erziehungsmittel" eine große Bedeutung zuschreibt und schließlich den „ganzen Menschen erfassen" will (ganzheitliche Menschenbildung).[514] Steiner hat aber darüber hinaus aus verschiedenen Quellen ein Menschenbild adaptiert, in dem der Mensch als dreigliedriges Wesen aus Leib, Seele und Geist verstanden wird, wobei dieser Unterteilung wiederum „die Aufteilung des Seelenlebens in Denken, Fühlen und Wollen"[515] entspricht. Diese beruhen wiederum auf den physiologischen Gegebenheiten des Stoffwechselsystems (Wollen), der rhythmischen Vorgänge im Körper (Fühlen) und des Nervensinnesorganismus (Denken)[516] und sie stehen in einem engen Zusammenhang zueinander, so dass z.B. die Bewegungen der Finger sich auf die Entwicklung des Gehirns auswirken. Für die Waldorf-Pädagogik sind aber auch noch vier „Leiber" relevant, die dem Menschen zugeordnet werden: Den physischen Leib teilt er mit der übrigen unorganischen Natur, den Lebens- und Ätherleib mit Tieren und Pflanzen, den Astralleib mit den Tieren und nur der „Ich-Leib" ist ausschließlich beim Menschen zu finden. Er wirkt auf die anderen Leiber zurück und verwandelt sie in einen höheren Zustand.[517] Die Annahme der vier Leiber ist auch die Voraussetzung für

---

510 Ebenda, Seite 17 Barz folgt hier der Kritik von Carl Christian Bry (1924) Verkappte Religionen Kritik des kollektiven Wahns".
511 Ebenda.
512 Ebenda, S. 14.
513 Ebenda.
514 Vgl. ebenda, S. 21 ff.
515 Ebenda, S. 36.
516 Ebenda.
517 Vgl. ebenda, S. 37.

die in der Waldorf-Pädagogik wichtige Klassifizierung der Menschen entsprechend einer Ordnung von Temperamenten und deren Einteilung in vier Grundtypen: Der physische Leib bestimmt das melancholische Erscheinungsbild, der Ätherleib das phlegmatische, der Astralleib das sanguinische und der „Ich-Leib" das cholerische.[518] Diese Temperamente werden als natürliche charakteristische Ausprägungen in der Entwicklung des Menschen in bestimmten Phasen gesehen, deren unzeitgemäßes Auftreten jedoch auf Entwicklungstörungen hinweist und Interventionen erfordert. Die Metamorphose des Menschen durch die Verwandlung eines Leibes in einen anderen vollzieht sich nach Steiner im Siebenjahreszyklus. Der physische Leib bestimmt das erste Jahrsiebt und ist durch Vorbild und Nachahmung geprägt, das folgende Jahrsiebt („Ätherleib") durch „Nachfolge und Autorität", während im dritten und vierten Jahrsiebt „Urteilskraft und Verstandeserwägung an Bedeutung" gewinnen, wodurch der Mensch schließlich mit 21 Jahren ein mündiges und selbständiges Wesen wird.[519]

Die Bestimmung des ersten Jahrsiebts – und damit insbesondere der ersten drei Lebensjahre durch die Prinzipien von Vorbild und Nachahmung wirft die Frage auf, ob die Betonung der Nachahmung nicht die Fähigkeiten des Kleinstkindes unterschätzt und es damit auf eine Objektrolle reduziert, wobei gleichzeitig ein unfreies Verhalten der Erzieher erzwungen wird, die die Wirkung jeder Handlung im Hinblick auf ihre prägende Wirkung auf die Kinder antizipieren müssen. Im Grunde ist die Vorstellung der primären Bedeutung der Nachahmung auch mit der Auffassung verwandt, dass die kleinen Kinder als „leere Gefäße" von den Erwachsenen (Erziehern) mit Inhalt gefüllt werden müssen. Diese Bestimmung der ersten Phase der Kindheit steht aber in deutlichem Widerspruch zu Vorstellungen einer Eigenständigkeit der kindlichen Entwicklung. Barz übernimmt die These der Nachahmung und sieht sie u.a. durch verschiedene Versuche von Bandura bestätigt,[520] in denen Kindern eine Szene vorgeführt wurde, in der ein handelndes Subjekt bestimmte Verhaltensweisen gegenüber einem Objekt (Gegenstand) ausübte, das diese dann signifikant in einer späteren Situation wiederholten. Es könnte aber sein, dass der jeweilige Versuchsaufbau (aggressives Verhalten gegenüber einer Puppe) so ungewöhnlich oder speziell für die Kinder war, dass sie dadurch zur Nachahmung geführt wurden, während das Prinzip der Nachahmung nicht allein für die frühkindliche Entwicklung herangezogen werden kann. Ein Gedankenexperiment soll diesen Einwand

---

518 Vgl. ebenda, S. 38.
519 Vgl. ebenda, S. 40.
520 Vgl. ebenda, S. 71 ff.

stützen: Es gibt sicherlich keine Identität zwischen der menschheitsgeschicht-
lichen Entwicklung und der Entwicklung eines individuellen Menschen, doch
man kann vermutlich von Parallelen ausgehen. Daraus entsteht die Frage, wie
sich die frühen Formen oder Vorformen des Menschen hätten entwickeln können, wenn sie nur dem Prinzip der Nachahmung gefolgt wären. Stattdessen muss
angenommen werden, dass in jedem Kind ein Erkenntnisinteresse vorhanden
ist, das primär aus sich selbst heraus wirkt *und als solches* auch Handlungen anderer wiederholt. Die praktischen Folgen beider Auffassungen könnten gering
geschätzt werden, doch zeigt der Vergleich mit der Pädagogik Emmi Piklers eine
völlig andere Sichtweise, indem vor allem die Eigenständigkeit des Kindes betont
und unterstützt wird, obwohl oder gerade weil auch sie von gewissen Entwicklungsstufen (z.B. bei der Bewegung) ausgeht.

Die angenommene Unselbständigkeit des Kindes liegt auch dem Bestreben
zu Grunde, seinen Tagesablauf einem Rhythmus zu unterziehen, „da davon
ausgegangen wird, daß kleine Kinder sich einen solchen Rhythmus noch nicht
selbständig geben können, das Kind vielmehr als reines „Sinnesorgan" auch hier
vollständig von der Umwelt abhängig ist."[521] In gleicher Weise werden der Wo-
chenverlauf und die Jahreszeiten für die Rhythmisierung des kindlichen Lebens
genutzt. Diese Betonung des Rhythmus ist jedoch kein besonderes Merkmal der
Waldorfeinrichtungen, sondern wird auch in traditionellen Kindertagesstätten
beachtet.

Während andere Konzepte die Bedeutung des kindlichen Spiels für seine kognitive und kommunikative Entwicklung betonen, betrachtet die Waldorf-Pädagogik das Spiel des Kindes als Möglichkeit, das zu „wiederholen, nachzuspielen, was
sie gesehen und erlebt haben," weshalb auch „dem Spiel ein erlebnisreicher Alltag
zugrunde liegen sollte."[522] Aus diesem Grunde werden auch „sehr einfache Spiel-
sachen aus natürlichem Material" eingesetzt, die damit eine völlig andere Funktion erhalten als z.B. die Naturmaterialien des Waldkindergartens. Die einen sind
für das Nachspielen von vorgegebenen Ereignissen gedacht, während die anderen
einer als offen zu betrachtenden Exploration der kindlichen Welt dienen, wozu
natürlich auch die Verarbeitung von Erlebtem und Beobachtetem zu rechnen ist.
Aufgabe der Erzieher ist es, „eine Atmosphäre schaffen, die es den Kindern ermöglicht, sich ganz in ihr jeweiliges Spiel zu vertiefen, ohne von anderen gestört
zu werden oder selbst andere zu stören. Dabei soll der Erzieher möglichst wenig

---

521 Ebenda, S. 79.
522 Ebenda, S. 85.

eingreifen und das Kind v.a. seinen eigenen Impulsen überlassen,"[523] wobei diese aber vor dem Hintergrund des Nachahmungsaspekts gesehen werden müssen. Diese Einschränkung gilt m. E. trotz der von Barz positiv gesehenen vier Funktionen des Spiels, wie sie in der Waldorf-Pädagogik aufgeführt werden[524]: Die „Verarbeitung der äußeren Eindrücke," (1) der „Gedanke …, daß im Kinderspiel unbewusste Konflikte, Aggressionen und traumatische Erlebnisse zur Darstellung und damit auch zur Verarbeitung kommen können," (2) „die schöpferische Phantasie der Kinder zu bewahren und zu fördern" (3) und Spiele sozusagen als Vorübung für das erwachsene Menschsein (4) sind jeweils verschieden zu bewerten, je nachdem, ob sie sich auf die im Kind entstandenen Spielimpulse beziehen oder kontinuierlich durch eine stark gelenkte Umwelt hervorgerufen werden. Mir ist keine Untersuchung zu dieser Frage bekannt, aber man kann sich vorstellen, dass letztlich die Selbständigkeit und Souveränität von Menschen größer ist, die von Anfang an darin bestärkt worden sind, ihrem Weg zu folgen. Auch die an sich positiv einzuschätzende Einfachheit und Multifunktionalität der Waldorfspielzeuge muss vor diesem Hintergrund gesehen werden.

In der Untersuchung von Barz (4. unveränderte Auflage der 2. erweiterten Aufl. 1990), der sich selbst als kritischen „Sympthasisanten"[525] sieht, kommt der Begriff „Bindung" nur im Impressum als „Druck und Bindung" vor sowie im Begriff „Verbindung". Man kann dies wohl als Beleg dafür sehen, dass vor über 20 Jahren die Frage der Bindung auch in der Waldorf-Pädagogik praktisch keine Rolle spielte. Unter der Überschrift „Übergangsprobleme: Familie – Kindergarten…" bezieht Barz sich vorrangig auf das Auswahlverfahren der Kindergärten, mit dem angesichts der großen Zahl von Anmeldungen Kinder ausgewählt werden, für die ein halbes Jahr, „bevor sie in die richtige Gruppe kommen, eine Spielgruppe eingerichet wird (einmal wöchentlich), damit die Kinder sich langsam akklimatisieren können."[526] Damit und mit den zusätzlich stattfindenden Einzelgesprächen sieht er die Kriterien für einen „weichen Übergang Familie – Kindergarten" als erfüllt an.

Zusammenfassend lässt sich die unausgesprochene Haltung der Waldorf-Pädagogik zur Exploration des Kindes, wie sie sich aus der Sicht eines kritischen Sympathisanten vor 25 Jahren ergibt, als ein sehr eng geführtes Verhältnis von Erziehern zu Kindern beschreiben, das sich deutlich von einer eigenständigen Exploration der Kinder unterscheidet. Da eine erfolgreiche Bindung der Kinder

---

523   Ebenda.
524   Vgl. S. 87–88.
525   Ebenda, S. 140.
526   Ebenda, S. 97.

die Voraussetzung für ihre Exploration und eine allmähliche Ablösung von den Bezugspersonen ist, könnte wiederum eine stark gelenkte Exploration die Ablösung von den Bindungspersonen und die Entwicklung einer freien, selbstbewussten Haltung bei ihnen zumindest verzögern, vor allem auch, weil Kinder im Bewusstsein der betreuenden Personen deren Aktionen nur zu spiegeln scheinen. Unvollkommene Spiegelbilder lenken jedoch die Aufmerksamkeit vorrangig auf die eigene Person der Erzieherin, was auch in den Ausführungen zur Waldorfpädagogik immer wieder betont wird (Vorbildfunktion). Damit wird die Beobachtung des Kindes zur Selbstbeobachtung der Erzieher/innen, die eigenständige Kraft des Kindes verliert an Bedeutung.

5.9.2 Die wesentlichen Fragen frühkindlicher Betreuung in der Waldorf-Pädagogik in neuerer Sicht

5.9.2.1 Nachahmung als bestimmendes Prinzip der ersten Lebenszeit

Die aktuelle Waldorf-Pädagogik[527] sieht die Entwicklung des Kleinstkindes weiterhin durch Nachahmung bestimmt: „Alle ersten Entwicklungsschritte, insbesondere das Aufrichten, Gehen, differenzierte Bewegen und das Sprechen, vollziehen sich aufgrund seiner Fähigkeit des zunächst noch nicht reflektierenden Nachahmens, besser gesagt des Mittuns dessen, was er in seiner Umgebung an tätigen Vorbildern erlebt.“[528] Da hiermit dem Kind ein aktives Bewusstsein von seinen – zunächst sehr eingeschränkten Tätigkeiten und Erlebnissen abgesprochen wird, greift die Autorin auf die Konstruktion eines „schlafend-traumähnliche(n) Bewusstsein(s) von sich selbst“[529] zurück: „Das Kind ist bewusstseinsmäßig noch nicht bei sich selbst, sondern „außer sich“ mit peripherem Ich-Erleben. Daher kann man auch vom Traumbewusstsein und der magischen Märchenzeit zu Beginn eines Lebenslaufs

---

527 Vgl. dazu den Sammelband: Compani, Marie-Luise; Lang, Peter Hrsg. (2011) Waldorfkindergarten heute, Eine Einführung.

528 Jacqueline Walter-Baumgartner: Rhythmisch-musikalische Sprech-, Sing- und Bewegungsspiele. in: Ebenda, S. 158; Vgl. auch: „All die vielfältigen Bewegungsformen, die das kleine Kind mehr und mehr willkürlich ergreift, lernt es in erster Linie dadurch, daß es mit der Fähigkeit nachzuahmen geboren wird, es ist als nachahmendes Wesen ausgestattet mit einem höchsten Interesse an allem, was es mit den Sinnen wahrnehmen kann. Dazu tritt sein Impuls, all das Wahrgenommene auch selber tun zu wollen. Deshalb ist es nicht egal, wie die Erwachsenen gehen, sich bewegen, wie sie die Tätigkeiten des Alltagslebens verrichten.“ Lang, Peter (1999) Eine gute Kinderstube. Anforderungen an die Kleinkindererziehung. Überarbeiteter und erweiterter Sonderdruck aus »Erziehungskunst«, 5/ 1999, S. 8.

529 Ebenda, S. 159.

sprechen."[530] In Verbindung mit *immer gleichen*, „rhythmisch sich wiederholenden" Handlungen soll das Kind „umso zufriedener sein und sehr bald schon selber aktiv nachahmend mitgestaltend tätig werden können."[531] Damit wird aber als Ziel im Grunde die Zufriedenheit und Ruhe des Kindes angestrebt, die vergleichbar durch das ständige Tragen des Kindes in Naturgesellschaften erreicht wird, wogegen sich z.b. Emmi Pikler klar ausspricht (Vegl. Abschnitt 5.6). Die Entwicklung eines eigenständigen Bewusstseins und einer eigenständigen Kraft schon in den einfachsten und ersten Lebensäußerungen des Kindes, den Bewegungen seiner Hände und seines Körpers, anzunehmen und ihnen Raum zu geben, unterscheidet sich vollständig von der Auffassung, das Kind imitiere in einem Trance ähnlichen Bewusstseinszustand seine Umgebung. Damit wird aber auch das Verhältnis der ErzieherInnen zum Kind thematisiert, das unter der Voraussetzung der Imitationsannahme die Eigenständigkeit des Kindes im Grunde gar nicht bemerken kann und dem deshalb auch die Förderung seiner Selbständigkeit versagt bleiben muss. Die Exploration des Kindes als Gegenpol zur sicheren Bindung wird in der Sicht der Waldorf-Pädagogik zu einer begrenzten Fähigkeit, die vollständig auf den Vorgaben der Umgebung beruht. In der Praxis wird sich diese Theorie der Nachahmung vermutlich nicht so dramatisch auswirken, weil die Aktivität und Vitalität der Kinder ihre Reduzierung auf Imitationswesen verbietet, aber sie verhindert doch einen positiven Blick auf die Lebenskräfte des Kindes.

Die kindliche Entwicklung in den ersten Lebensjahren vor allem als von Nachahmung bestimmt zu begreifen, weist auf einen weiteren Aspekt hin: Dieses Konzept steht dem Behaviorismus sehr nahe, für den Lernprozesse durch Input-Output-Verhältnisse oder durch stimulus-response-Prozesse charakterisiert sind. So schreibt der Waldorf-Pädagoge Peter Lang: „Kinder wollen und sollen die Welt in ihren Zusammenhängen erkennen und verstehen lernen. Der Grundgedanke dabei: Wenn sie möglichst viele Handlungen durch Wahrnehmen, Beobachten und Tun nachvollziehen können, wächst Stück für Stück das Ursache-Wirkungs-ZusammenhangsBewusstsein. … es (ist) ein sinnvoller methodischer Weg, kleineren Kindern zuerst möglichst einfache, gut zu durchschauende Handlungen und Zusammenhänge vorzugeben, z.B. ein einfaches Märchen mit klaren Handlungsabläufen, wahrnehmbare und nachvollziehbare Tätigkeiten der Mutter oder der Erzieherin im Kindergarten, wie zum Beispiel Spülen, Nähen, Brot backen oder das Reparieren eines Gegenstandes usw. ln den nächsten Schritten wird das Kind dann lernen, sich mit immer komplexeren

---

530   Ebenda.
531   Ebenda, S. 160.

Zusammenhängen zu befassen und sie zu durchdringen."[532] Das Vorgeben aus-
gewählter einfacher Anreize durch Erwachsene steht aber als methodisches
Prinzip im Widerspruch zum Prinzip der Freiheit und der Selbständigkeit des
Kindes und es kann eigentlich im Ergebnis auch nicht zu einem kreativen,
selbstbestimmten Verständnis von einfachen oder komplizierten Prozessen führen, die unser Leben bestimmen, sondern wird vermutlich auf der Ebene der
Reproduktion der Anreize verbleiben.

5.9.2.2 Die Bedeutung einer sicheren Bindung und die Eingewöhnung

Hinsichtlich der Bindungsfrage unterscheiden sich Waldorfkrippen nicht von anderen Kindertageseinrichtungen.[533] Frühere Defizite sind durch die Einbeziehung
„neuerer Erkenntnisse" ausgeglichen worden „z.B. die Arbeiten der ungarischen
Kinderärztin Dr. Emmi Pikler, die Bindungsforschung oder auch die Ergebnisse der
Hirnforschung. Sie ergänzen die Waldorfpädagogik. Die empirischen Forschungsergebnisse Emmi Piklers können wie eine methodisch-didaktische Anleitung zur
exakten, vorurteilslosen Wahrnehmung nach goetheanischer Beobachtung im
Sinne des Steinerschen Anspruches an den Pädagogen gelesen werden"[534]

Die Waldorf-Einrichtung berücksichtigt, dass „jedes Kind seine primäre Bindung in seiner Familie hat und dass für die Eingewöhnungsphase ausreichend
Zeit veranschlagt wird, damit die Eltern nach einer gelungenen Eingewöhnung
vertrauensvoll und beruhigt ihren beruflichen Verpflichtungen und ihren eigenen Angelegenheiten nachgehen können."[535]

Die Eingewöhnung sollte nach dem „Berliner Modell" erfolgen und gilt als abgeschlossen, wenn das Kind sich in der neuen Beziehung sicher fühlt, was u.a. an
folgenden Merkmalen zu erkennen ist: „Das Kind kommt gerne in den Kindergarten (bzw. die Krippe oder Wiegestube) und kann sich von den Eltern lösen. Das
schließt nicht aus, dass gelegentlich noch Tränen kullern. Es kann bei Tätigkeiten
verweilen und beginnt zu spielen. Es spricht mit seiner neuen Bezugsperson und

---

532 Lang, Peter [ca. 2004] Lasst den Kindern Zeit. Erziehung und Bildung für Kinder
bis zur Schulfähigkeit. S. 10–11.
533 Vergl. Birgit Krohmer: Waldorf-Kindertageseinrichtungen. Die Betreuung von Kindern unter drei Jahren. in: Compani, Marie-Luise; Lang, Peter Hrsg. (2011) Waldorfkindergarten heute, Eine Einführung.
534 Ebenda, S. 110.
535 Compani, Marie-Luise; Aus dem Alltag des Waldorfkindergartens. Pädagogische
Aspekte und Grundlagen. in: Compani, Marie-Luise; Lang, Peter Hrsg. (2011) Waldorfkindergarten heute, Eine Einführung, S. 127.

kann sich ihr mitteilen. Es erforscht die neuen Räumlichkeiten und knüpft Kontakte zu anderen Kindern."[536]

Zur Gewährleistung der sicheren Bindung verzichten Waldorfeinrichtungen auf das Prinzip offener Gruppen und sie vermeiden auch einen „alternierenden Personalwechsel zwischen Vormittags- und Nachmittagsschicht."[537] Dieser Festlegung könnte jedoch einerseits ein Missverständnis von der Funktion offener Gruppen zugrunde liegen, denn sie bedeuten ja nicht zwingend, dass es keine feste Bezugsperson für das einzelne Kind gibt, während andererseits feste Gruppen für das Nachahmungskonzept zwingend erforderlich sind.

Die Bindungsbeziehung zwischen dem Kind und einer Erzieherin wird jedoch nicht als emotional-gefühlsmäßig gesehen wie bei der emotionalen Beziehung zwischen Kind und Eltern, sondern als „erlernte „Rolle" der Betreuerin",[538] die das Kind „zusammen mit einer altersentsprechend gestalteten Umgebung und Atmosphäre, durch die erlebte achtsame Zuwendung und vor allem durch die Pflege wahr(nimmt). Die Kinder entwickeln so über die individuelle Persönlichkeit der Betreuerin hinaus eine Bindung zu der Erzieherin als solcher (als Stellvertreterin der Eltern), wenn ihre achtsame professionelle Haltung gewährleistet ist."[539] Da es neben programmatischen Verlautbarungen und Konzepten aber immer die konkreten Menschen sind, die die Qualität einer Pädagogik bedingen, könnte die Betonung der nicht-emotionalen, sachlichen Beziehung der Erzieherin zum Kind wiederum den Eindruck verstärken, dass Kinder in der Waldorf-Pädagogik weniger als Subjekte denn als Objekte ihrer Entwicklung gelten.

Diese theoretischen Ansichten werden sich dennoch in der Praxis vermutlich nicht so schwerwiegend auswirken, denn die ursprüngliche Aktivität und der Einfallsreichtum kleiner Kinder *in ihrer eigenständigen Verarbeitung erlebter Vorbilder* bezwingen simple Imitationsvorstellungen. „Die vertrauensvolle Hingabe, das Interesse für alles Neue und die Bewegungsfreude möchten wir dem kleinen Kind nicht verderben. Wir möchten ihm vielmehr so begegnen, dass diese Fähigkeiten eine Umgebung vorfinden, die dafür Verständnis hat, einen

---

536 Ebenda, S. 129.
537 Ebenda, S. 130.
538 Claudia Grah-Wittich: Warum Elternarbeit heute so wichtig ist. in: Compani, Marie-Luise; Lang, Peter Hrsg. (2011) Waldorfkindergarten heute, Eine Einführung, S. 214.
539 Ebenda.

Blick für das, was zur Entwicklung noch fehlt, ergänzend wirkt und dennoch die Eigeninitiative des Kindes nicht einschränkt."[540]

5.9.3 Waldorfkrippen und die Frage der Bindung

5.9.3.1 Waldorfkindergarten Ismaning e. V.[541]

Der Waldorfkindergarten Ismaning gibt in seinem Internet-Auftritt keinen Aufschluss darüber, wie Bindung und Eingewöhnung in der Einrichtung gehandhabt werden.

In den ersten drei Lebensjahren[542] sieht die Einrichtung das Kind als „ganz „Sinnesorgan" und dadurch vollkommen hingegeben an alle äußeren Eindrücke. In diesem *träumenden* (Hervorhebung durch d. Verf.) Zustand ... lernt das kleine Kind die bedeutendsten menschlichen Fähigkeiten als Fundament für ein selbstständiges Leben – das Gehen, das Sprechen und das Denken. ...Das kleine Kind lebt und lernt in der Nachahmung. Daher braucht es uns Erwachsene als Vorbilder." Damit gelten die zentralen Aussagen der Waldorfpädagogik auch für den Waldorfkindergarten Ismaning.

Gleichzeitig bezieht sich die Einrichtung jedoch auch auf Maria Montessoris Ausspruch „Hilf mir, es selbst zu tun" als leitendes Motto (das aber Emmi Pikler zugeschrieben wird), das sich aber in der Konzeptbegründung der Krippe faktisch nur auf die Bewegungserziehung bezieht. Als weitere Punkte des Konzepts werden die Entwicklung vielfältiger Sinneserfahrungen, die Sinnespflege, die Freude an Klang und Musik sowie auf das Bestreben genannt, den Kindern „durch **Rhythmus und Gewohnheit** ein Gefühl der Zugehörigkeit und Sicherheit" zu geben.

Unter dem Stichwort „Lern- und Entwicklungsziele"[543] finden sich wiederum bekannte Formulierungen und Vorstellungen. Das „freie Spiel als Entwicklung fördernde Aktivität" erweist sich als „Gelegenheit" für das Kind, Erfahrungen aus seiner Umgebung „aus eigenem Willen zu ergreifen und im nachahmenden Tun kreativ zu verarbeiten, zu üben und sich zu eigen zu machen." Wenn der „eigene Wille" perzeptiv so stark gelenkt wird, verliert dieser Begriff an sich seinen

---

540 Waldorfpädagogik in den ersten drei Lebensjahren. Ein Modellprojekt im Spannungsfeld von Ideal und Wirklichkeit. Studienheft 21 der Internationalen Vereinigung der Waldorfkindergärten 2000, S. 9.

541 http://www.waldorfkindergarten-ismaning.de/.

542 http://www.waldorfkindergarten-ismaning.de/padagogik/kleinkinalter/ Die folgenden Zitate stammen von dieser Seite.

543 http://www.waldorfkindergarten-ismaning.de/padagogik/lern-und-entwicklungsziele/.

Wert, ebenso wie „Nachahmung" und „Kreativität" nicht unbedingt als natürliche Bündnispartner zu betrachten sind.

Neben einer bunten Tüte weiterer Ziele (Bewegungserziehung und –förderung, sprachliche Bildung und Förderung, rhythmisch-musikalisch-künstlerische und handwerkliche Bildung und Erziehung, ethisch-moralische Wertekompetenz, Emotionalität und soziale Beziehungen, Grundlagen für Medienkompetenz im Kindergarten) findet sich auch ein Ziel für besorgte Eltern, die Nachteile für ihre Sprösslinge in der Schule befürchten: Die „Grundlagen mathematisch-naturwissenschaftlicher Bildung" sollen gebildet werden, indem sich „Zusammenhänge, die das Kind im Spiel, im Experimentieren mit dem Material und durch den Einsatz mit seinem ganzen Körper erlebt, zu einer noch unbewussten körperlich-kinästhetischen Intelligenz[544] (verdichten), und diese bildet die Grundlage für das exakte mathematisch-naturwissenschaftliche Denken und Verstehen im späteren Leben."

5.9.3.2 Waldorf-Kinderkrippe Balingen[545]

Die Waldorfkinderkrippe Balingen arbeitet auf „den Grundlagen der Waldorf-pädagogik, ergänzt durch die Forschungsergebnisse von Emmi Pikler." Zu den Grundsätzen der Arbeit gehören neben bekannten Bestandteilen der Waldorf-Pädagogik (rhythmische Gestaltung des Tagesablaufs, für das Kind Vorbild sein, vielfältige Sinneserfahrungen, körperliche Entwicklung des Kindes unterstützen, genügend Zeit im Spiel, Impulsen des Kindes Raum und Zeit geben) auch, „die Beziehung zum Kind durch eine individuelle und achtsame Zuwendung in der Pflege (zu vertiefen). Dadurch unterstützen wir den Aufbau einer sicheren Bindung."

Für die Eingewöhnung des Kindes sieht die Krippe individuelle Zeiten vor, die „sich vor allem nach der persönlichen Situation (des) Kindes und (den) familiären

---

544 Eine Recherche bei Wikipedia führt zum Ergebnis, dass die Autoren hier Anleihen bei der „Theorie der multiplen Intelligenzen" von Howard Gardner genommen haben, die nach Wikipedia folgende Eigenschaften aufweist: „Die körperlich-kinästhetische Intelligenz enthält das Potenzial, den Körper und einzelne Körperteile (wie Hand oder Mund) zur Problemlösung oder zur Gestaltung von Produkten einzusetzen. Vertreter dieser Intelligenz sind Tänzer, Schauspieler und Sportler. Wichtig ist diese Form der Intelligenz aber auch für Handwerker, Chirurgen, Mechaniker und Angehörige vieler anderer technischer Berufe." http://de.wikipedia.org/wiki/Theorie_der_multiplen_Intelligenzen.

545 http://waldorf-kinderkrippe-balingen.de/pages/paedagogik.php Auch die folgenden Zitate.

Bedürfnissen"[546] richtet. Bevor die Eltern die Krippe mit ihrem Kind besuchen, findet ein „Gespräch über Verlauf, Inhalte und Bedeutung der Eingewöhnung statt." Darauf folgt eine behutsame Eingewöhnung des Kindes unter abnehmender Teilnahme der Eltern in einem Zeitraum bis zu 6 Wochen oder in Einzelfällen sogar länger. Das Kind „ist angekommen, wenn es sich auf ein freies Spiel einlässt."

Ein Blick in den exemplarischen Tagesablauf[547] verdeutlicht, dass neben Pflege, Essen und Schlafen der Kinder längere Phasen für Freispielzeit draußen und drinnen vorgesehen sind.

Leider lässt sich aus all diesen Angaben nicht wirklich ersehen, ob die ErzieherInnen sich tatsächlich feinfühlig, sensibel und liebevoll den Kindern zuwenden, um ihnen eine Basis für ihre selbständige Tätigkeit zu geben. Ausdrücklich formuliert findet man diese Aspekte jedenfalls nicht.

5.9.3.3 Waldorf-Kinderkrippe Gänsweide in Mannheim Neckarau[548]

Die Krippe sieht pro Gruppe von maximal 10 Kindern 3 Fachkräfte sowie möglichst eine Praktikantin als Betreuerinnen vor. Sie ist täglich zwischen 7:00 und 16:30 Uhr geöffnet.

Neben der Waldorfpädagogik wird auch auf Emmi Pikler Bezug genommen. Das Wohl des Kindes wird in Abhängigkeit von den Wahrnehmungsfähigkeiten der Erzieher/innen gesehen: Im Zentrum des pädagogischen Handelns „steht das Kind als einzigartige Persönlichkeit mit ihren individuellen Entwicklungsbedürfnissen. Um diesen dem jeweiligen Kind gemäß begegnen zu können, bedarf es zum einen eines achtsamen und aufmerksamen Blicks auf das einzelne Kind, zum anderen aber einer genauen Kenntnis der allgemeinen Gesetzmäßigkeiten in der Entwicklung des Kindes, um die individuellen Gegebenheiten überhaupt wahrnehmen zu können. Die eigene persönliche Arbeit der Erzieher an sich selbst im Sinne einer Selbsterziehung sowie die Beachtung der Entwicklungsgesetze der Kindheit bilden den zu einer gesunden Entwicklung notwendigen Rahmen in Bezug auf die persönliche und räumliche Umgebung sowie die zeitliche Struktur des Alltags in unserer Kinderkrippe." Wegen der Angewiesenheit der Kinder „auf eine noch ganz unmittelbare individuelle Bedürfnisbefriedigung" gilt in der Einrichtung: „so wenig „Institution" wie nötig, so viel individuelle, familienähnliche Betreuung und Geborgenheit wie möglich."

---

546   http://waldorf-kinderkrippe-balingen.de/pages/eingewoehnung.php Auch die folgenden Zitate.

547   http://waldorf-kinderkrippe-balingen.de/pages/tagesablauf.php.

548   http://www.gaensweide.de/kleinkind.html gilt auch für die folgenden Zitate.

Im rhythmisch geregelten Tagesablauf sind „die Pflegehandlungen am und mit dem Kind zentraler Bestandteil", da sie eine „Zeit der besonderen Zuwendung und Achtsamkeit für das einzelne Kind" sind. „Dabei wirkt das Kind seinen Möglichkeiten entsprechend kooperierend mit und kann so immer selbständiger werden. Es findet ein intensiver Kontakt zwischen Erzieher und Kind statt, auf dessen Grundlage sich die Beziehung vertieft und somit die für das Kind."

Als wichtigste Aufgabe des Kindes wird das „Entdecken und Erkunden seines eigenen Körpers sowie der Welt um sich herum" angesehen, wobei die Krippe „besonderen Wert auf die Achtung des individuellen Entwicklungstempos (legt), damit das in den ersten drei Jahren sich entfaltende Gehen, Sprechen und Denken in einer dem einzelnen Kind gemäßen Weise stattfinden kann." Die ErzieherInnen sehen sich dabei als „Begleiter der Kinder, die alles durch die Bereitstellung von Gelegenheiten, der achtsamen und emotionalen Begleitung und freudigen Anteilnahme unterstützen, was das Kind aus eigenem Antrieb tun möchte und alles unterlassen, wozu es aus sich heraus noch nicht bereit ist. Die in den Gruppenräumen und im Garten vorhandenen großteils aus der Natur entnommenen Spielmaterialien unterstützen das Kind darin, mit allen Sinnen tätig werden zu können sowie in seiner Bewegungsentwicklung und somit auf seinem Weg in die Selbständigkeit."

Aus diesen Formulierungen lässt sich der Eindruck gewinnen, als stünde das Kind mit seinem aktiven Streben nach Selbsttätigkeit und Selbständigkeit im Vordergrund, doch wird in weiteren Ausführungen zum kindgerechten Lernen[549] deutlich, dass auch hier das Konzept der Nachahmung gilt. Alle Tätigkeiten (im Haushalt, im Garten, handwerkliche Tätigkeiten) „werden vom Erzieher in besonderer Weise geplant und durchgeführt, so dass die Kinder den gesamten Prozess erleben, durchschauen und selbsttätig mit vollziehen können." Das Ziel liegt also darin, „die Kinder so zum eigenen sinnvollen Mittun bzw. zum nachahmenden Spiel" anzuregen.

Die indirekte Bewertung von Tätigkeiten, die von Erwachsenen präsentiert werden, sowie ihre Imitation durch die Kinder als „sinnvoll", wirft die Frage auf, worin in diesem Zusammenhang „sinnlose" Tätigkeiten bestehen könnten und wer sie ausübt. Sind es die Kinder selbst in ihrer tatsächlichen Selbsttätigkeit und Selbstorganisation, die von einer selbstsicheren Umgebung in bestimmte Bahnen gelenkt werden sollen?

---

549 http://www.gaensweide.de/kindgerecht.html gilt auch für die folgenden Zitate.

Diese Einwände sollen nicht so verstanden werden, als würde die Verfasserin nachahmendes Handeln von Kindern ignorieren, aber es kommt auf die Gewichtung an: Wenn man voraussetzt, dass die Aktivitäten von Kindern in den ersten Lebensjahren hauptsächlich von Nachahmung bestimmt werden, wird das Kind dadurch zwangsläufig zu einem empfangenden, Impulse von außen reflektierenden und nachvollziehenden Wesen. Jedes Kind ist aber für sich einmalig, seine Entdeckung der Welt ist ebenfalls einmalig und innovativ. Es ist ein Schöpfer seiner eigenen Welt und als solcher greift es auch auf Beobachtungen aus seiner Umgebung zurück, die es in seine Welt assimiliert. Ein Verständnis dieses Prozesses als Nachahmung entwertet diese Leistung in gewisser Weise und versagt dem Kind auch die volle Aufmerksamkeit für seine innovativen Leistungen.

Der Aspekt der Nachahmung lenkt die Bewertung eher auf die Reproduktionsleistung und nicht auf die schöpferische Kraft des Kindes. Diese Auffassung wird sich vermutlich in den Einstellungen der ErzieherInnen auswirken und die Exploration der Kinder begrenzten.

5.10 Der Situationsansatz

5.10.1 „Das kleine Handbuch zum Situationsansatz" und die Herausforderungen der Globalisierung

Auch der Situationsansatz gehört zu den pragmatischen Konzepten. Anders aber als im Offenen Kindergarten, der von seiner Entstehungsgeschichte her eine Reaktion der Basis auf unhaltbare Zustände in Kindertageseinrichtungen darstellt, und anders auch als in der Reggio-Pädagogik, die als eine Art gemeinsamer Reaktion von Teilen der Bevölkerung in Reggio auf die Erfahrungen des Faschismus entstanden ist, versteht sich der Situationsansatz als pädagogische Muster-[550] oder Exzellenzbewegung mit dem ausdrücklichen, primären Ziel einer gesellschaftspolitischen Wertebildung.

---

550 Jürgen Zimmer formuliert es so: „„Wie verhält sich der Situationsansatz zu anderen Ansätzen?" Wenn sie ihn ergänzen und seinen Prinzipien nicht widersprechen: freundlich und koalitionsfähig." Zimmer, Jürgen 2006 Das kleine Handbuch zum Situationsansatz, S. 86. Die nicht formulierte Gegensatzbildung (unfreundlich und ablehnend) deutet auf einen recht engen Alleinvertretungsanspruch des Autors und der von ihm vorgestellten Pädagogik hin.

Zimmer leitet im „Handbuch zum Situationsansatz[551]" pädagogische Forderungen aus „den Bedingungen des Weltmarktes"[552] ab, indem er zum einen Verständnis für die Folgen der Globalisierung wecken will, die er darin sieht, „dass bisher reiche Länder abspecken und immer mehr bisher arme Länder zu relativem Wohlstand gelangen."[553] Daraus entwickelt sich ein Gefahren-Szenario: „Soziale Verwerfungen innerhalb der vom Verlust ihrer Privilegien bedrohten Gesellschaften werden die Folge sein. Verteilungskämpfe können sich verschärfen, die Korruption kann zunehmen, die Armutskriminalität und Gewaltbereitschaft wachsen. Es kann sein, dass dann immer mehr Menschen meinen, mit Ellenbogen und rüdem Durchsetzungsvermögen ihren Platz an der Sonne sichern zu müssen."[554] Die Notwendigkeit von Verhaltensänderungen ergibt sich aus dem Anpassungsdruck neuer Situationen: „Es ist leichter, menschenfreundlich zu sein, solange es einem gut geht. Die Nagelprobe für unsere Gesellschaft wird sein, ob wir den Abstieg vom Hochsitz mit Sinn für ausgleichende Gerechtigkeit, mit Unternehmensgeist, neuer Energie, Lernbereitschaft und mit Respekt vor den Bedürfnissen auch anderer Menschen in der einen Welt vollziehen und damit die Chance wahrnehmen, zu neuen Ufern aufzubrechen."[555]

Insofern kann der Situationsansatz als Teil eines „social engineering" verstanden werden, der Kindern in Erwartung eines sozialen Wandels Verhaltensweisen vermitteln will, die sie für die Realität des Weltmarktes und seine Folgen („Ein Jahrhundert der neuen Bescheidenheit"[556]) fit machen sollen.

Die gewünschten Verhaltensweisen sind:

---

551 Der Autor und sein Werk können als repräsentativ für den Situationsansatz verstanden werden. Im Standardwerk zu diesem pädagogischen Konzept heißt es dazu: „Die am deutlichsten von Jürgen Zimmer in der Enzyklopädie Erziehungswissenschaften (Zimmer 1984) herausgearbeiteten Merkmale der ersten Stunde die Orientierung an Schlüsselsituationen, die Verknüpfung von sozialem und sachbezogenem Lernen, die Beteiligung von Eltern und anderen Erwachsenen als Experten, die Anerkennung des eigenständigen Anregungsmilieus in der altersgemischten Kindergruppe und die Öffnung ins Gemeinwesen mit ihrer institutionenkritischen Absicht sind auch in den heutigen Formulierungen der Grundsätze deutlich erkennbar. Sie sind ausdifferenziert und ergänzt worden." Preissing, Christa Hrsg. u.a. (2003) Qualität im Situationsansatz. Qualitätskriterien und Materialien für die Qualitätsentwicklung in Kindertageseinrichtungen, S. 10.
552 Zimmer (2006), S. 14.
553 Ebenda.
554 Ebenda.
555 Ebenda.
556 Ebenda, S. 23.

1. „Autonomie" – Sie wird mit den Begriffen „Selbstbestimmung, Unabhängigkeit, Selbstständigkeit" umschrieben, die aber gleichzeitig für alle Menschen gelten sollen. Deshalb wird zwar „Eigensinn" auch zugestanden, aber unter Verweis auf seine ergänzende Eigenschaft, den Gemeinsinn.

2. Aus dem „Gemeinsinn" folgt die Verhaltensweise der „Solidarität", die darauf verweist, „dass wir nicht allein auf der Welt sind, sondern gemeinsam mit anderen leben, dass wir Schwächere schützen, Andersartige nicht diskriminieren, Mitmenschen nicht mit Häme überziehen oder dem Spott aussetzen, dass wir nicht nach unten treten, nicht übel nachreden, auf Fairplay achten, dass wir Feinde zu lieben versuchen und Versöhnung anstreben, dass wir friedfertig sind und nicht nach Macht über andere gieren. Und es geht nicht nur um Menschen, sondern auch um die Natur, ihre Lebewesen, ihre Ressourcen, die auf diesem der Plünderung ausgesetzten Planeten nach äußerster Schonung verlangen."[557]

3. Um autonom und solidarisch handeln zu können, ist schließlich „Kompetenz" notwendig, die als die „Entwicklung von Weltverständnis" in sozialen Zusammenhängen begriffen wird. Diese Art von Kompetenz richtet sich gegen die „Praxis einer in Teilstücken zergliederten Wissensvermittlung."[558] Zur Bildung von Kompetenz gehört auch „Kinder mit dem Prozess der sozioökonomischen Wandlung vertraut und ihnen deutlich zu machen, dass alle Beteiligten nicht nur Objekte, sondern vor allem Subjekte dieses Prozesses seien"[559] und sie auch zu einem „ökologisch verantwortungsvollen Handeln zu bewegen." Sie sollen aber auch eine Kompetenz der besonderen Art entwickeln, indem gefordert wird, „angesichts der ökonomischen Probleme und einer jahrzehntelangen Aberkennung sozial-unternehmerischer Fähigkeiten genau diese Fähigkeiten zu stärken und zum Vertrauen auf die eigene Kraft zu erziehen."[560]

Auch für den Betrieb der Tagesstätten soll diese unternehmerische Orientierung gelten, sie soll „das Marketing gegenüber Eltern"[561] flexibler handhaben und angemessener auf Marktforderungen reagieren, um die Umsätze zu steigern.

Eine Einstellung auf „intelligente Bescheidenheit" und „Unternehmergeist" wird für eine Gesellschaft gefordert, in der in naher Zukunft nur noch ein Drittel

---

557 Ebenda.
558 Ebenda, 15.
559 Ebenda, 16.
560 Ebenda.
561 Ebenda, 21.

der Bevölkerung „Anschluss an die Wachstumsmärkte" gewinnt, das sich deshalb „vom öffentlichen Elend abseilen und sich möglichst eigene Bildungseinrichtungen schaffen"[562] wird, während das zweite Drittel „aus einer labilen, vom Abstieg bedrohten Mittelschicht bestehen" wird und das dritte Drittel „an oder jenseits der Armutsgrenze leben (wird) in einer wachsenden Schattenwirtschaft, nur noch von Restbeständen des sozialen Netzes gehalten."[563] Während „intelligente Bescheidenheit" zum einen als Konsumverzicht verstanden wird, erscheint im Hinblick auf die gegenwärtige und zukünftige Unsicherheit der Arbeitsplätze „die Grundfähigkeit", „Entrepreneure, Unternehmer von unten (zu) werden, um dem Abstiegsszenario entgegezuwirken", als Ausweg, wenn die zukünftigen Unternehmer „nicht (als) die Kapitalisten mit dem dicken Geld (auftreten), die jeden Schrott produzieren und Kunden übers Ohr hauen, sondern (als) Menschen, die sozial und ökologisch verantwortlich handeln, während sie sich und vielleicht auch anderen Arbeitsplätze schaffen."[564]

Um diese schöne neue Welt mit Hilfe des Situationsansatzes zu erreichen, muss aber zunächst einmal „eine Situation aufgespürt und im Dialog mit anderen Menschen untersucht, also eine Situationsanalyse vorgenommen (werden). Diese Untersuchung führt zur Bildung einer kleinen Theorie über die Situation."[565] Die weitere Auseinandersetzung mit der Situation erfordert eine didaktische[566] sowie eine methodische[567] Analyse der Situation und schließlich die Auswertung des Ganzen. In keiner Phase spielen jedoch die Kinder – im Gegensatz etwa zur Reggio-Pädagogik eine bestimmende Rolle, sondern sie sind durchgehend Objekte von (ideologisch motivierten) pädagogischen Prozessen. Man kann sich fragen, ob diese Art von Pädagogik nicht auch zu (einer allerdings speziellen) Form von „Funktionstrainigsprogrammen" gehört, gegen die sich Zimmer ausdrücklich

---

562 Ebenda, 24.
563 Ebenda.
564 Ebenda, 25.
565 Ebenda, 27.
566 Ebenda, 28: „was an dieser Situation unter pädagogischen Gesichtspunkten wichtig ist, welche Anforderungen die Situation an Kinder stellt, welche Qualifikationen von Bedeutung sind, um in ihr handlungsfähig zu werden." Vgl. auch S. 42: „Der Situationsansatz enthält ganz ausdrücklich einen Bildungsanspruch, der, würde man den Ansatz nur auf soziales Lernen reduzieren, verloren ginge. Es ist deshalb wichtig, Situationen darauf zu befragen, welches Bildungspotential in ihnen steckt, welche Chancen sie im Sinne des forschenden, entdeckenden Lernens enthalten."
567 Ebenda: „Durch welche Aktivitäten, durch welche Lernerfahrungen lassen sich diese Qualifikationen fördern und Kompetenzen erwerben?"

wendet.[568] Zwar ist ein „Lernen in Sinnzusammenhängen"[569] einem anweisungs-bezogenen Lernen vorzuziehen, aber entscheidend ist dabei, auf welche Frage oder welches Problem sich ein Sinnzusammenhang bezieht, für wen er von Be-deutung ist, wer über eine relevante Situation und ihren Sinn entscheidet?

Zu den weiteren Merkmalen des Situationsansatzes gehören altersgemischte Gruppen, deren Vorteile darin gesehen werden, dass ältere Kinder einen Teil der pädagogischen Arbeit effektiver erledigen als erwachsene Erzieher: Sie „wirken wie Lernlokomotiven," sind „geduldiger als Erwachsene", „erwerben Einfühlungsvermögen, sie lernen die Grenzen von Fähigkeiten der Kleinen ein-zuschätzen", „übermitteln ihren Kenntnis- und Erfahrungsstand anderer, weni-ger erfahrenen Kindern nachhaltiger als Erwachsene dies könnten."[570] Dennoch werden für diese altersgemischten Gruppen erfahrene Erzieher für notwendig gehalten, da sie „Kenntnisse der Entwicklungspsychologie (besitzen), die kog-nitive, affective und psychomotorische Bereiche umschließen", da sie zuständig sind für die „Organisation jener erfahrungsvielfältigen, anregungsreichen Expe-rimentierfelder" und für den „sensible(n) und genaue(n) Blick auf das einzelne Kind mit seiner je besonderen Entwicklung, mit der behutsamen Erweiterung *seines* Horizonts, *seiner* Entfaltungsmöglichkeiten, *seines* sprachlichen Aus-drucksvermögens, *seiner* Problemlösungsstrategien."[571]

Da die Tatsache, dass inzwischen viele Menschen aus anderen Ländern in Deutschland leben, vor allem mit den Notsituationen in diesen Ländern, dem Be-darf der Wirtschaft an (billigen) Arbeitskräften sowie generell der Globalisierung zu tun hat, trägt die sogenannte multikulturelle Gesellschaft mehr den Charakter eines aufgezwungenen Kompromisses denn einer selbst gewählten Alternative der Bevölkerung.[572] Die Förderung einer „interkulturellen Erziehung"[573] durch

---

568 Vgl. ebenda, S. 38–39.
569 Ebenda.
570 Ebenda, S. 47.
571 Ebenda, S. 49.
572 Ebenda, S. 57: „Wir sind die Kolonialherren, deren Lebensqualität ja auch damitzu-sammenhängt, dass die anderen, Fremden, die niederen Arbeiten übernehmen und eine verfügbare Ware Arbeitskraft bleiben, eine Ware, die man importieren kann und vor allem in Krisenzeiten wieder abschieben möchte. Was Wunder, wenn ein Land, das kein Einwanderungsland sein wollte und dennoch erlebt, wie Menschen kamen und blieben, Lehrgeld zahlen muss." Diese Argumentation überträgt die Verantwortung für den Import „der Ware Arbeitskraft" auf jedermann, während man wahrscheinlich davon ausgehend kann, dass 99% der Bevölkerung sich auch andere Lösungen hätten denken können.
573 Ebenda, S. 53.

den Situationsansatz als Merkmal seiner Pädagogik zielt aber faktisch darauf ab, die Kultur des eigenen Landes zu missachten. Dies wird deutlich, wenn Zimmer von der „Dampfwalze namens Mehrheitsentscheidung"[574] spricht, gegen die Widerstand geleistet werden muss. Die Metapher der „Dampfwalze" erweckt den Eindruck, als hätten die Menschen dieses Landes die Bürger anderer Länder überrollt und okkupiert. Dieser Eindruck unterstützt nur die Zerstörung der kulturellen Identität des gastgebenden Landes, wird aber langfristig den Einwanderern in keiner Weise helfen und auch keine interkulturelle Identität herstellen, sondern ausschließlich den Rechtsradikalen in die Hände arbeiten.

Die weiteren Schwerpunkte des Situationsansatzes, Inklusion, Integration der Einrichtung in die Nachbarschaft, Integration der Einrichtung in das gesellschaftliche Umfeld und die pädagogische Ausgestaltung der Innenräume sowie die Frage der Zeitplanung[575] sollen hier nicht weiter eingehend besprochen werden, da deutlich geworden ist, dass der Situationsansatz trotz gegenteiliger Beteuerungen von den Erzieher/innen eine enge Planung und Leitung des Geschehens in einer Kindertagesstätte verlangt, die stark an gesellschaftspolitischen Zielen orientiert ist und dadurch eigentlich den Entscheidungen der Kinder – wenn überhaupt – nur eine Alibirolle zuweist. Der Begriff „Bindung" kommt in Zimmers Werk auch nur im Impressum vor (Druck und Bindung) sowie mehrfach im Begriff „Verbindung." Ebenso wenig kann man von einer tatsächlichen Förderung kindlicher Exploration sprechen. Die genannten Ziele und deren Begründungen hätte man eher von der „Bundeszentrale für politische Bildung" erwartet.

Der Situationsansatz leitet den sozialen Auftrag, so wie er ihn versteht, unmittelbar aus den „theoretischen Dimensionen" des Achten Jugendberichts sowie des Zehnten Kinder- und Jugendberichts der Bundesregierung ab, die „die durch Wandel, Unsicherheit und Umbrüche geprägte Lebenswelt der Kinder in Deutschland differenziert dar(stellen). Gleichzeitig wird aufgefordert, die Angebote der Jugendhilfe stärker an der Realität der Lebenswelt der Heranwachsenden zu orientieren und die Kinder als Subjekte ihres Lebens zu begreifen. Der eigenständige kindliche Wirklichkeitsbezug wird betont und gleichzeitig auf die Lebensbedingungen verwiesen, mit denen sich die Kinder auseinander setzen müssen, um an der Gestaltung ihres Lebens aktiv mitzuwirken. Tageseinrichtungen für Kinder werden als selbstverständlicher Teil der Lebenswelt von Kindern

---

574 Ebenda, S. 56.

575 Ebenda, S. 68: „Situationsbezogene Planung bedeutet Balance von Struktur und Freiraum, Flexibilität, innere Differenzierung, Individualisierung und Beteiligung der Kinder: Kleine Gruppen oder auch einzelne Kinder unternehmen Unterschiedliches und brauchen dafür auch unterschiedlich lange Zeit."

definiert, die ihrerseits einen wichtigen Beitrag zur Gestaltung von Lebensumwelten von Kindern und Familien leisten können. Das pädagogische Konzept Situationsansatz bezieht Bildungsprozesse auf die Lebenswelt von Kindern und Familien und macht die Erschließung und Bearbeitung von Lebenssituationen zum Ausgangspunkt und zum Inhalt der pädagogischen Arbeit.[576]

Neben den programmatischen Dimensionen der „Erschließung und Bearbeitung von Lebenssituationen" (Siehe oben) ist auch deren pragmatische und organisatorische Seite von Bedeutung: Wie verteilen sich Aktivitäten und Kompetenzen zwischen Erzieher/innen und Kindern? Preissing u.a. (2003) definieren „Schlüsselsituationen" als Lebenssituationen, die zu „Curriculumelementen in Kindertageseinrichtungen" werden, die für „das Leben von Kindern über den Augenblick hinaus von Bedeutung sind, die in Beziehung zu den Erlebnissen und Erfahrungen der Kinder stehen und bei deren Bearbeitung sie sich notwendiges Wissen und Können aneignen können."[577] Sie ergeben sich aus dem „alltäglichen Leben in der Kindertageseinrichtung und in der Familie sowie aus der gesellschaftlichen Realität, in die Kinder eingebunden sind."[578]

Jedoch „ergeben" sich Schlüsselsituationen nicht einfach, sondern es bedarf aktiver Erkundungen der Erzieherinnen. Da die „pädagogische Arbeit von den sozialen und kulturellen Lebenssituationen der Kinder und ihrer Familien"[579] ausgeht (1. Qualitätskriterium), „interessieren (sie) sich für Familienformen, Familienkulturen und für die sozialen Netze der Familien. Sie nehmen sensibel besondere Belastungen in den Familien und Unterschiede im sozialen, materiellen und kulturellen Milieu wahr. Sie wissen, wie sie mit den Informationen umgehen können und wann sie für eine professionelle Distanz sorgen müssen."[580] Auf das Kind bezogen sollen sich die Erzieherinnen „für die Erlebnisse und Gewohnheiten des Kindes in der Familie (interessieren), seine besonderen Vorlieben und Abneigungen und (sie) verfolgen so kontinuierlich dessen individuelle Entwicklung."[581] Dieses umfassende „Monitoring"[582] der kindlichen und

---

576 Preissing, Christa Hrsg. u.a. (2003) Qualität im Situationsansatz. Qualitätskriterien und Materialien für die Qualitätsentwicklung in Kindertageseinrichtungen, S. 38.
577 Ebenda, S. 39.
578 Ebenda, S. 39–40.
579 Ebenda, S. 17.
580 Ebenda.
581 Ebenda.
582 Laut Wikipedia versteht man unter diesem Begriff „alle Arten der unmittelbaren systematischen Erfassung (Protokollierung), Beobachtung oder Überwachung eines Vorgangs oder Prozesses mittels technischer Hilfsmittel (zum Beispiel Langzeit-EKG)

familiären Situation erstreckt sich aber nicht nur auf diese, sondern erfasst auch das weitere Umfeld, denn die Erzieherinnen sollen auch „die sozialen, kulturellen, ökonomischen und ökologischen Gegebenheiten im Wohnumfeld (kennen)" und protokollieren: „Sie kennen die Sozialstruktur des Wohnumfeldes. Sie machen sich sachkundig über die Einrichtungen der Bildung und Kultur im Wohnumfeld sowie über Traditionen und Bräuche die das Leben in der Region prägen. ‚Sie interessieren sich für aktuelle Ereignisse und Vorkommnisse im Umfeld. Sie erkunden mit Kindern das Wohnumfeld, knüpfen Kontakte zu Menschen und Institutionen."[583] Zwar sollen sie auch die Kinder „ermuntern," „ihre Erwartungen, Ideen, Visionen, ihre Fragen, Ängste und Kümmernisse zu äußern,"[584] aber die Entscheidung über die Schlüsselsituationen liegt letztlich bei den Erzieher/innen. Sie „tauschen sich im Team kontinuierlich über bedeutsame Lebenssituationen der Kinder in ihrer Kindertageseinrichtung aus." „Sie verständigen sich auf dieser Grundlage im Team über relevante Situationen im Leben der Kinder ihrer Gruppe bzw. ihrer Kindertageseinrichtung." Sie „wählen aus der Vielfalt der in Frage kommenden Lebenssituationen jene aus, die sie mit den Kindern im Sinne einer Schlüsselsituation« bearbeiten."[585]

Diese Aussagen und ihre Gewichtung im Kontext des Werkes machen deutlich, wie sehr der pädagogische Alltag nach diesem Konzept von den Beobachtungen, Überlegungen und Entscheidungen der erwachsenen Erzieher/innen abhängig ist, und es entsteht die Frage, ob die Kinder hier nicht eher zu Objekten pädagogischer Prozesse werden. Da die Förderung der Explorationskraft der Kinder vor allem unter dem Aspekt gesellschaftspolitischer Ziele gesehen wird, kann sich die Pädagogik nicht vollständig auf das Kind konzentrieren, sondern muss seine Aufmerksamkeit zumindest zwischen diesem und den politischen Zielen teilen. Da die Exploration des Kindes als „andere Seite der Medaille" einer gesunden Entwicklung auf der sicheren Bindung beruht, sind wechselseitige Beeinflussungen im negativen wie im positiven Sinne vorstellbar. Im Konzept des Situationsansatzes, wie ihn die VerfasserInnen der „Qualitätskriterien" (Preissing, Christa Hrsg. u.a. (2003) darstellen, wird die sichere Bindung nicht unmittelbar aus einer

---

oder anderer Beobachtungssysteme. Dabei ist die wiederholte regelmäßige Durchführung ein zentrales Element der jeweiligen Untersuchungsprogramme, um anhand von Ergebnisvergleichen Schlussfolgerungen ziehen zu können." http://de.wikipedia. org/wiki/Monitoring Im Gegensatz zu dieser Definition beruht das „Monitoring" in der Kindertagesstätte und dessen Umfeld auf der Tätigkeit der ErzieherInnen.

583 Preissing, Christa Hrsg. u.a. (2003), S. 17–18.
584 Ebenda, S. 18.
585 Ebenda, S. 19.

Notwendigkeit für das Kind abgeleitet, sondern als Frage der Beziehung zwischen Bindungspersonen des Kindes und der Einrichtung betrachtet, da für „*Bildung* als Prozess der sozialen Ko-Konstruktion ... die entscheidende Rolle der Bindungspersonen des Kindes"[586] beachtet werden muss, und damit die der Eltern als „wichtigste Partner der Kindertageseinrichtung bei der *Bildung* und Erziehung der Kinder."[587] Die in dieser Aussage zum Ausdruck kommende Instrumentalisierung der Bindung und der Bindungspersonen des Kindes für eine bestimmte Bildungsvorstellung zeigt die wechselseitige Identität der beiden Medaillenseiten im Konzept des Situationsansatzes. Vorrang hat die gesellschaftspolitisch inspirierte Bildungsvorstellung, das Kind dient seiner Erfüllung. Zumindest wird aber auf die Standards der Eingewöhnung und der Zusammenarbeit mit den Eltern verwiesen sowie auf grundlegend notwendige Verhaltensweisen der Erzieherin gegenüber dem Kind.[588]

5.10.2 Die Nacht ist nicht so schwarz wie ihr Ruf (Krippen und Situationsansatz)

5.10.2.1 *Studentenwerk-Krippe in Göttingen*[589]

In der Krippe werden 60 Kinder im Alter von 6 Monaten bis 3,5 Jahre in 5 Gruppen betreut. Die Gruppengröße schwankt zwischen 10 und 14 Kindern.

Für ihr pädagogisches Konzept bezieht sich die Krippe ausschließlich auf den Situationsansatz. Angestrebt wird ein Lernen „durch aktive Teilnahme am wirklichen Leben," „Das bedeutet, die Kinder mit ihren Entwicklungsbedürfnissen in ihren Situationen zu verstehen und ihre Fähigkeiten zu fördern, mit sich selbst, mit einer Sache und im Dialog mit anderen gut zurecht zu kommen." Nicht künstlich organisierte Lernsituationen" stehen im Vordergrund, sondern alltägliche Lebenssituationen wie auch geplante Projekte, wobei Kinder und Erwachsene sich in einer kooperativen und kommunikativen Aktivität „gemeinsam auf Entdeckungsreise" begeben sollen.

Die Grundlage für diese Tätigkeiten ist ein „sicherer Beziehungsaufbau", der die Voraussetzung bietet, „aus einer Vielzahl von Lebenssituationen der Kinder und ihrer Eltern" gemeinsam Schlüsselsituationen auszuwählen, die den Kindern

---

586 Ebenda, S. 270.
587 Ebenda, Hervorhebungen von der Verf.
588 Ebenda.
589 http://www.kita.goettingen.de/betreuungsangebote/krippen/studentenwerk-krippe. html Alle folgenden Zitate stammen von dieser Seite.

„auf exemplarische Weise" ermöglichen soll, „ihre Umwelt – ihren Erlebnisbereich – zu verstehen, mitzugestalten und verändern zu können."

Bei der Eingewöhnung der Kinder als „zeitlich gestaffelte Aufnahme" folgt die Krippe dem „Berliner Modell" und sie gestaltet die Eingewöhnung individuell, verbunden mit „intensive(n) Erstgespräche(n)."

Obwohl das Konzept der Schlüsselsituationen eine starke Dominanz der erwachsenen Erzieher/innen fordert, wobei die eigenen Entscheidungsfindung und Selbsttätigkeit der Kinder leicht aus dem Blick geraten könnte, vermittelt die Darstellung diese Konzepts dennoch ein insgesamt ausgewogenes Verhältnis zwischen sicherer Bindung und Exploration der Kinder.

5.10.2.2 Kinderkrippe Arche Noah in München

Die Krippe orientiert sich am Situationsansatz, den sie nicht als „pädagogische Technik oder didaktische Methode"[590] versteht, sondern als „Haltung" oder „Sichtweise ganzheitlicher Pädagogik bei grundsätzlicher Werschätzung der Kinder, Aufmerksamkeit für die aktuelle Situation und die Bedeutung jedes neuen Tages."

Ziel ist die umfassende Bewältigung von Lebenssituationen der Kinder auf emotionaler (Nacherleben), kognitiver (Verständnis) und handelnder (Aufarbeitung von Erlebnissen) Ebene. Allerdings werden die Lebenssituationen, und Bedürfnisse durch „gezieltes Beobachten und Befragen der Kinder in Kinderkonferenzen" herausgefunden, so dass hier wiederum ein gewisser Filter von erwachsener Seite wirksam ist, der eine unmittelbare Artikulation und Organisation von Aktionen durch die Kinder einschränkt. Aus diesen „gefilterten" Ergebnissen ergeben sich „Inhalte und Methoden," die bei den Kindern eingesetzt werden, um sie „situationsgemäß und alle Sinne ansprechend fördern zu können."

Die Eingewöhnung in die Krippe folgt den anerkannten Standards und berücksichtigt die Frage der Bindung.[591]

---

590 http://www.archenoah-waldperlach.de/paedagogische-arbeit/situationsansatz. (Auch die folgenden Zitate.)

591 http://www.archenoah-waldperlach.de/paedagogische-arbeit/eingewoehnung.

6. Zusammenfassung und Ausblick

„Kindergärten sind für Kinder, Kinderkrippen sind für Erwachsene." Die Geltung dieses zynischen Ausspruches hat sich in seiner ganzen Schärfe nicht bestätigt, auch wenn es tatsächlich ein vor allem bei den Erwachsenen liegendes Interesse an Krippen gibt, das wiederum seine Ursache in deren eigenen Verpflichtungen hat.

Wenn Kleinkinder eine sichere primäre Bindung zu einer elterlichen Bezugsperson haben, kann ihnen eine zusätzliche Betreuung in einer Krippe nicht schaden, wenn sie entsprechend der anerkannten Regeln verläuft, und zusätzliche sekundäre Bindungen erweitern wahrscheinlich auch ihren Horizont.

Für alle Kleinkinder, bei denen unsichere Bindungen vorliegen, könnte ein Krippenbesuch sogar positive Folgen hervorrufen, wenn gut ausgebildete Erzieher/innen die Situation analysieren und den Eltern mit Rat und Tat zur Seite stehen können, um das Bindungsverhalten des Kindes und seiner primären Bezugsperson noch positiv zu beeinflussen.

Im Sinne von Nyssen gibt es starke Hinweise darauf, dass die gegenwärtige gesellschaftliche Beschäftigung mit der frühesten Kindheit insgesamt zu einem neuen Verhältnis zu Kindern und zu einer reflektierten „zweiten Angstbearbeitung" der jetzigen Generation führen könnte, so dass die Hoffnung von einem Generationen übergreifenden Wechsel im Verständnis früher Kindheit und im gelebten Verhältnis zu Kleinstkindern aufkeimen könnte.

Die vorgestellten eigentlichen Krippenkonzepte sind alle nicht ungenügend oder mangelhaft, denn sie drücken zumindest verbal Verständnis für die Bindungsproblematik aus, aber sie unterscheiden sich doch teilweise in der Schwerpunktbildung, wobei nach meiner Ansicht die eher programmatisch orientierten Konzepte (siehe oben) in die Gefahr geraten, das Kind selbst etwas aus dem Blick zu verlieren, auch wenn sie sich gerade als die entschiedensten Verteidiger kindlicher Interessen präsentieren.

Ein Konzept, das auf der Grundlage sicherer primärer und sekundärer Bindungen die Exploration des Kindes fördert und so auf die Selbsttätigkeit und die Entwicklung von Selbstbewusstsein und Forschergeist orientiert ist, muss nicht unbedingt einen großen materiellen Aufwand betreiben, sondern kann mit minimalistischen Mitteln betrieben werden, wie die Beispiele der Waldkinderkrippen oder der Reggio-Krippen zeigen. Allerdings bezieht sich diese Aussage nicht auf das Verhältnis der Erzieher/innen zu den Kindern. Hier darf es keine Abstriche geben, sondern im Gegenteil muss die Bedeutung der persönlichen

Beziehung für das Kind noch stärker in den Vordergrund und ins allgemeine Bewusstsein gerückt werden.[592]

Leider scheint mittelfristig die Entscheidung schon gegen die Interessen von Kindern, Eltern ErzieherInnen und Krippen gefallen zu sein, denn Familienministerin Schwesig hat laut einer Meldung von Spiegel-Online[593] die Erörterung eines geplanten Kita-Qualitätsgesetzes, das Qualitäts-Standards hinsichtlich der Personalausstattung und der Qualifikation der ErzieherInnen setzen sollte, auf die Zeit nach 2017 verschoben. Die Qualität von Kitas drückt sich aber vorrangig in der Berücksichtigung der Bindungs- und Explorationsinteressen der Kinder aus, für die die notwendige Zahl von ausgebildeten Erzieher/innen vorhanden sein muss. Welche Schlussfolgerungen soll man ziehen, wenn einerseits nicht das notwendige Geld für Qualität in den Krippen zur Verfügung gestellt wird, andererseits aber die Propaganda für Krippen auf Hochtouren läuft und Eltern, die ihre Kinder selbst betreuen wollen, diskriminiert und finanziell schlechter gestellt werden sollen, wie es neueste Vorschläge aus der Politik nahelegen?[594] Die Auszahlung des Betreuungsgeldes zu stoppen, grenzt an eine Zwangsmaßnahme zur „Motivierung" von Eltern, ihre Kinder von Krippen betreuen zu lassen. Warum hat es die Politik so eilig und kann nicht in Ruhe und Gelassenheit abwarten, bis Eltern von den Vorzügen der Krippen überzeugt sind, dass sich die Frage des Betreuungsgeldes sozusagen von selbst erledigt? Aus anderen Zusammenhängen wissen wir, dass immer Vorsicht geboten ist, wenn bei einem Geschäft eine Seite auf einen schnellen Abschluss drängt. Das sollte bedacht werden.

---

592 Laut einer am 25.07.2014 veröffentlichten Studie der Bertelsmann-Stiftung haben nur die Bundesländer Bremen und Baden-Württemberg weitgehend den Betreuungsschlüssel von 1:3 in Krippen für Kinder unter drei Jahren realisiert, während in Ostdeutschland im Schnitt sogar 6,3 Kinder und im Westen durchschnittlich 3,8 auf eine(n) ErzieherIn kommen. Diese Zahlen drücken stärker als alle politischen Beteuerungen und Versprechungen den Wert aus, den Kinder in dieser Gesellschaft für uns haben. http://www.sueddeutsche.de/bildung/bertelsmann-studie-zu-kinderbetreuung-in-deutschen-kitas-fehlen-erzieher-1.2062784.

593 http://www.spiegel.de/politik/deutschland/schwesig-plant-doch-kein-kita-gesetz-fuer-mehr-erzieher-a-983115.html.

594 Vgl. Weserkurier v. 28.07.2014, S. 3: „Neue Kritik am umstrittenen Betreuungsgeld".

7. Literatur

Frühe Bindungen und Sozialisation, Eine Einführung (2005)

Waldorfpädagogik in den ersten drei Lebensjahren. Ein Modellprojekt im Spannungsfeld von Ideal und Wirklichkeit. Studienheft 21 der Internationalen Vereinigung der Waldorfkindergärten (2000)

Ahnert, Lieselotte (2011): Wieviel Mutter braucht ein Kind? Bindung, Bildung, Betreuung. Öffentlich und privat

Barz, Heiner (1993): Der Waldorfkindergarten. Geistesgeschichtliche Ursprünge und entwicklungs-psychologische Begründung seiner Praxis (Reihe Pädagogik Beltz)

Becker-Stoll, Fabienne; Niesel, Renate; Wertfein, Monika (2009): Handbuch Kinder in den ersten drei Lebensjahren, Theorie und Praxis für die Tagesbetreuung

Bien, Walter; Rauschenbach, Thomas; Riedel, Birgit, Hrsg. (2006): Wer betreut Deutschlands Kinder? DJI-Kinderbetreuungsstudie

Brisch, Karl Heinz; Hellbrügge, Theodor, Hrsg. (2009): Wege zu sicheren Bindungen in Familie und Gesellschaft, Prävention, Begleitung, Beratung und Psychotherapie

Bühler-Niederberger D., Mierendorf, J. & Lange, A (2010): Kindheit zwischen fürsorglichem Zugriff und gesellschaftlicher Teilhabe

Compani, Marie-Luise; Lag, Peter, Hrsg. (2011): Waldorfkindergarten heute, Eine Einführung

Dammann, Elisabeth; Prüser, Helga, Hrsg. (1981): Quellen zur Kleinkindererziehung. Die Entwicklung der Kleinkinderschule und des Kindergartens

Dreier, Annette (2006): Was tut der Wind, wenn er nicht weht? Begegnungen mit der Kleinkindpädagogik in Reggio Emilia

Gebhard, Ulrich (2013): Kind und Natur. Die Bedeutung der Natur für die psychische Entwicklung

Grossmann, Karin; Grossmann, Klaus (2012): Bindungen, Das Gefüge psychischer Sicherheit

Gruber, Rosemarie; Siegel, Brunhild, Hrsg. (2008): Offene Arbeit in Kindergärten. Das Praxisbuch

Henneberg, Rosy; Klein, Lothar; Vogt, Herbert (2008): Freinetpädagogik in der Kita. Selbstbestimmtes Lernen im Alltag

Huppertz, Norbert (2004) Israel, Agathe; Kerz-Rühling, Ingrid, Hrsg. (2008): Handbuch Waldkindergarten Krippenkinder in der DDR, Frühe Kindheitserfahrungen und ihre Folgen für die Persönlichkeitsentwicklung und Gesundheit

Julius, Henri (2009): Bindung im Kindesalter: Diagnostik und Intervention

Jungmann, Tanja; Reichenbach, Christina (2011): Bindungstheorie und pädagogisches Handeln, Ein Praxisleitfaden

Kämper, Burkhard; Thönnes, Hans-Werner (2009): Kinderbetreuung in der ersten Lebensphase zwischen Familie, Kirche und Staat

Keller, Heidi (2011): Kinderalltag – Kulturen der Kindheit und ihre Bedeutung für Bindung, Bildung und Erziehung

Klein, Lothar (2002): Freinet-Pädagogik im Kindergarten

Krieg, Elisabeth, Hrsg. (2004): Lernen von Reggio. Theorie und Praxis der Reggio-Pädagogik im Kindergarten

Kühne, Thomas; Regel, Gerhard, Hrsg. (1996): Erlebnisorientiertes Lernen im Offenen Kindergarten. Projekte und Arbeitsansätze aus der Praxis für die Praxis

Kühne, Thomas; Regel, Gerhard; Hrsg. (2000): Bildungsansätze im Offenen Kindergarten. Erzieherinnen im Mittelpunkt der pädagogischen Arbeit

Laewen, Hans-Joachim; Andres, Beate; Hedevari Eva (2003): Die ersten Tage – ein Modell zur Eingewöhnung in Krippe und Tagespflege

Lang, Peter (ca. 2004): Lasst den Kindern Zeit. Erziehung und Bildung für Kinder bis zur Schulfähigkeit.

Leu, Hans Rudolf, Anna von Behr, Hrsg. (2013): Forschung und Praxis der Frühpädagogik, Profiwissen für die Arbeit mit Kindern von 0–3 Jahren

Levend, Helga; Janus, Ludwig (2011): Bindung beginnt vor der Geburt

Lillard, Paula Polk; Jessen, Lynn Lillard (2012): Montessori von Anfang an. Ein Praxishandbuch für die ersten drei Jahre des Kindes

Lingenauber, Sabine (2001): Einführung in die Reggio-Pädagogik. Kinder, Erzieherinnen und Eltern als konstitutives Sozialaggregat

Lingenauber, Sabine, Hrsg. (2004): Handlexikon der Reggio-Pädagogik

Lohaus, Arnold; Vierhaus, Marc (2013): Entwicklungspsychologie des Kindes- und Jugendalters für Bachelor

Lorber, Katharina: Erziehung und Bildung von Kleinstkindern, Geschichte und Konzepte

Maywald, Jörg; Schön, Bernhard, Hrsg. (2008): Krippen - Wie frühe Betreuung gelingt. Fundierter Rat zu einem umstrittenen Thema

Miklitz, Ingrid (2001): Der Waldkindergarten. Dimensionen eines pädagogischen Ansatzes

Nentwig-Gesemann, Iris (1999): Krippenerziehung in der DDR. Alltagspraxis und Orientierungen von Erzieherinnen im Wandel

Neuß, Norbert Hrsg. (2011): Grundwissen Krippenpädagogik. Ein Lehr- und Arbeitsbuch

Oswald, Paul; Schulz-Bensch, Günter, Hrsg. (2009): Grundgedanken der Montessori Pädagogik, Quellentexte und Praxisberichte

Petri, Horst (2007): Bloß nicht zu viel Liebe. Eltern und Kinder zwischen Bindung und Freiheit. Ein Lebensweg

Pikler, E.; Tardos, A. u.a. (2013): Miteinander vertraut, Wie wir mit Babies und kleinen Kindern gut umgehen- ein Ratgeber für junge Eltern

Pikler, Emmi (2011): Friedliche Babys – zufriedene Mütter, Pädagogische Ratschläge einer Kinderärztin

Preissing, Christa, Hrsg. u.a. (2003): Qualität im Situationsansatz. Qualitätskriterien und Materialien für die Qualitätsentwicklung in Kindertageseinrichtungen

Remo H. Largo, (2010): Baby Jahre, Entwicklung und Erziehung in den ersten vier Jahren

Reyer, Jürgen; Kleine, Heidrun (1997): Die Kinderkrippe in Deutschland. Sozialgeschichte einer umstrittenen Einrichtung

Rottmann, Ulrike, Ziegenhain, Ute (1988), Dissertation, Universität Berlin, Ausserfamiliale Tagesbetreuung im frühen Kindesalter, Die Eingewöhnung einjähriger Kinder in die Krippe

Schäfer, Claudia (2005): Lernen mit Montessori im Kindergarten

Schaffert, Sandra o.J.: Der Waldkindergarten in: Textor, Martin R. (Hrsg.) Kindergartenpädagogik – Online-Handbuch- http://www.kindergartenpaedagogik.de/1216.html

Schreyögg, Astrid (2013): Familie trotz Doppelkarriere. Vom Dual Career zum Dual Care Couple

Seiffge-Krenke, Inge (2008): Psychotherapie und Entwicklungspsychologie, Beziehungen, Ressourcen, Herausforderungen und Risiken

Sommer, Brigitte (1999): Kinder mit erhobenem Kopf. Kindergärten und Krippen in Reggio Emilia

Stifter, Adalbert (2011): Der Nachsommer

Tugendreich, Gustav 1917: Der Ausbau der Kleinkinderfürsorge. In: Fortschritte des Kinderschutzes und der Jugendfürsorge. Vierteljahreshefte des Archivs deutscher Berufsvormünder

Viernickel, Susanne; Voelkel, Petra, Hrsg. (2009): Bindung und Eingewöhnung von Kleinkindern

Weegemann; Kammerlander, Hrsg. (2010): Die Jüngsten in der Kita, Ein Handbuch zur Krippenpädagogik

Weinberg, Anja; Töpfer, Gesine (2006): 2006 Kinderkrippe und Kindergarten. Bildung und Erziehung in der ehemaligen DDR (Diplomarbeit)

Weise, Cornelia (2008): Offene Arbeit im Kindergarten - Praxiserfahrungen. Bedingungen, die das Gelingen des Konzeptes in der Praxis beeinflussen

Winner, Anna; Erndt-Doll, Elisabeth (2013): Anfang gut? Alles besser, Ein Modell für die Eingewöhnung in Kinderkrippen und anderen Tageseinrichtungen für Kinder

Zimmer, Jürgen (2006): Das kleine Handbuch zum Situationsansatz